27
ın 11397

I0089146

NOTICE HISTORIQUE

SUR LE LIEUTENANT GÉNÉRAL

LAPARA DE FIEUX.

IMPRIMERIE DE COSSE ET G.-LAGUIONIE,
rue Christine , n. 2.

NOTICE HISTORIQUE

SUR LE LIEUTENANT GÉNÉRAL

LAPARA DE FIEUX,

ET

SUR LES SIÉGES DONT IL A DIRIGÉ EN CHEF LES ATTAQUES;

ET PARTICULIÈREMENT SUR CELUI DE BARCELONE EN 1697,

Avec un Plan des Attaques,

PAR M. AUGOYAT,

LIEUTENANT-COLONEL DU GÉNIE.

~~~~~~~~~~~~~~~~~~~~~~~~~

PRIX : 2 FR. 25.

~~~~~~~~~~~~~~~~~~~~~~~~~

PARIS,

ANSELIN, Success^r DE MAGIMEL,	G.-LAGUIONIE, Imprimeur,
LIBRAIRE POUR L'ART MILITAIRE,	LIBRAIRE DU PRINCE ROYAL
Les Sciences et les Arts,	Pour l'Art Militaire,

RUE ET PASSAGE DAUPHINE, 36.

1839.

NOTICE HISTORIQUE

SUR LE LIEUTENANT GÉNÉRAL

LAPARA DE FIEUX.

Parmi les ingénieurs français contemporains du maréchal de Vauban, Louis LAPARA DE FIEUX, lieutenant général, tient le premier rang. Au nombre des siéges dont il avait dirigé en chef les attaques est celui de Barcelone, en 1697, où la défense fut poussée au-delà de tout ce qu'on avait vu depuis longtemps, et le plus mémorable peut-être du règne de Louis XIV. Après cinquante-deux jours de tranchée eut lieu la capitulation, suivie de la paix de Riswick que jusque-là l'Espagne avait refusé d'accepter. Appelé de nouveau, en 1706, devant la capitale de la Catalogne, M. Lapara fut moins heureux ; un coup mortel le frappa le dixième jour du siége.

M. Lapara avait les qualités militaires les plus propres à le faire réussir dans la carrière qu'il avait embrassée : une présence d'esprit admirable, un intrépide sang-froid qui lui faisait envisager le péril sans la moindre émotion, et une persévérance qui se roidissait contre les difficultés. L'Espagne et l'Italie ont été le théâtre de sa gloire. Les services qu'il y a rendus sont attestés par la correspondance des généraux les plus illustres qui ont commandé les armées françaises dans ces contrées, Catinat, Vendosme, le premier maréchal de Noailles (1). On

---

(1) Nous rapporterons de nombreux passages de cette correspondance : toute facilité nous avait été donnée pour la consulter par M. le lieutenant

a dit de lui que comme il jugeait les autres par lui-même, il n'était point de danger auquel il n'exposât les officiers et les soldats, aussi en faisait-il une grande consommation (1). Ce reproche n'est pas tout-à-fait sans fondement.

M. Lapara, Louis, est né le 24 septembre 1651, au hameau de Bas-Bourlès, à une demi-lieue d'Aurillac, de Claude Lapara et de Marie de la Ronse (2). Le hameau de Bas-Bourlès, qui aujourd'hui s'appelle *Barrière*, est situé dans la commune d'Arpajon, vulgairement *Pajou*. Les actes civils d'Arpajon ne donnent pas d'autre qualification à Claude Lapara que celle de bourgeois. Mais il prenait le titre de seigneur

---

général Pelet, directeur du dépôt de la guerre; par la lettre suivante, M. le Ministre nous a autorisé à joindre à cette notice tous les documents officiels que nous jugerions convenables.

Paris, 27 février 1839.

Colonel, par votre lettre du 23 de ce mois, vous m'avez exprimé le désir d'insérer, dans une notice historique sur le général Lapara de Fieux, des extraits des correspondances officielles recueillies au dépôt de la guerre sur les services de cet officier général, ainsi que des citations d'une relation anonyme du siége de Barcelone en 1697. Je vous autorise très volontiers à joindre à votre notice tous les documents officiels qui vous paraîtront devoir augmenter l'intérêt d'une pareille publication, et mieux faire connaître la vie militaire d'un de nos premiers ingénieurs.

Recevez, Colonel, l'assurance de ma profonde considération,

Le pair de France Ministre secrétaire d'État de la guerre,

Bernard.

(1) D'Aspect, *Histoire de l'ordre royal de Saint-Louis.* Paris, 1780, t. 1, p. 224.

(2) Voici textuellement ce que porte le registre des naissances : « plus le dimanche 24 septembre audit an 1651, a été baptisé Louis Laparra (*) fils à Claude Laparra, son parrin honnorable homme Louys (nom illisible), sa marrine mademoiselle Marie Laparra, sa mère Marie de la Ronse. Fait en présence des soussignés. Vialar, curé. »

(*) Le nom s'écrit indifféremment avec un ou deux R.

de Bas–Bourlès, avait des armoiries (1), obtint un des offices de contrôleurs–généraux des rentes de l'hôtel–de–ville de Paris, qui conféraient le titre de conseiller du roi, et plusieurs priviléges, entre autres, l'exemption de toutes charges tant ordinaires qu'extraordinaires; enfin il allia ses filles aux familles les plus honorables du pays. Une d'elles, Marguerite, épousa, en 1673, Amable de Méalet, baron de Fargues (2); une autre, Catherine Lapara de Fieux, épousa, en 1699, Antoine de Calcavy, seigneur de la Deulhes, ancien gendarme de la maison du roi. Louis Lapara, qui était l'aîné, joignit *de Fieux* à son nom (3). Le second des fils, Antoine, fut aussi ingénieur. M. de Courcelles n'hésite pas à dire que la famille de M. Lapara était noble (4). Le fait est peu important en lui-même. Le portrait du lieutenant général, retrouvé à Bas–Bourlès en 1824, orne aujourd'hui la salle de la mairie d'Aurillac. On lit au-dessous: Louis Lapara de Fieux, lieutenant général des armées du roi, né en 1652, mort au siége de Barcelone en 1706 (5).

---

(1) D'argent, à la fasce d'azur, chargée de trois lions léopardés d'or, et accompagnée en pointe d'un pélican, avec ses petits, de gueules. Les bourgeois les plus notables des villes pouvaient autrefois prendre des armoiries, mais sans timbre.

(2) La famille de Fargues, dont le château est à trois lieues au sud-ouest d'Aurillac, est une des plus anciennes et des plus honorables de la Haute-Auvergne. Amable de Méalet eut de Marguerite un fils, le baron de Vitrac, dont nous parlerons, et une fille qui fut reçue à Saint-Cyr, en 1687, sur les preuves de sa noblesse.

(3) *Le Fieux* est le nom d'un petit endroit situé dans l'Aveyron, entre Entraigues et Ville-Comtal. On trouve aussi *les Fieux* dans l'Allier.

(4) *Dictionnaire universel de la noblesse*. In-8, tome 3, Paris 1824. Nous avons cru un instant que les Lapara de Fieux étaient une branche cadette des Laparra du Rouergue, qui furent ennoblis en 1377, pour avoir puissamment contribué à l'affranchissement de leur pays alors sous la domination anglaise; mais cette conjecture était sans fondement.

(5) Nous avons eu beaucoup de peine à établir tous ces premiers faits. Nous témoignons notre reconnaissance aux personnes qui nous ont aidé dans

M. Lapara se voua au métier des armes dès sa première
jeunesse. En 1667 il entra comme enseigne-colonel dans le
régiment de Sourches, et, en 1672, comme lieutenant et ingénieur dans celui de Piémont. Il fit en cette qualité, en 1672,
la campagne de Hollande, assista, en 1673, aux siéges de
Maëstricht et de Trèves, et l'année suivante, à ceux de Be-
sançon, de Dôle et du fort Saint-André de Salins, à tous lesquels il fut blessé. La même année, il fut encore blessé lorsqu'on alla secourir Oudenarde, assiégé par le prince d'Orange.
En 1675 et 1676, il continua ses services d'ingénieur aux siéges
de Dinant, de Huy, de Limbourg, de Condé, de Bouchain et
d'Aire. En 1677, il servit en la même qualité aux siéges de Valenciennes, de Cambrai et de Saint-Omer, se trouva à la bataille
de Cassel, et finit l'année par le siége de Saint-Guislain, où il
fut blessé. Le roi le récompensa par la majorité de cette place.
En 1678, il se trouva aux prises de Gand et d'Ypres, et fut
blessé dangereusement devant cette dernière place. Voilà à
quoi se bornent les renseignements que fournissent les mémoires du temps (1) sur les commencements de la carrière
de M. Lapara. Il fut nommé brigadier des armées en 1693 ;
en 1697, maréchal de camp ; en 1704, lieutenant général. De
la majorité de Saint-Guislain il passa à celle de la citadelle
d'Arras, puis à celle de Luxembourg ; en 1693, au gouvernement de Niort ; en 1706, à celui de Mont-Dauphin. Il fut nommé chevalier de Saint-Louis en 1693, l'année de la création
de cet ordre. Les places ou forts dont il a dirigé en chef les
attaques, comme ingénieur, sont : en 1690, la citadelle de

---

les recherches qu'ils ont nécessitées : à M. le baron Delzons, avocat à Aurillac ; à M. le baron de Gaujal, auteur des *Essais sur le Rouergue* (Paris
1824 et 1825, 2 tomes in-8) ; à M. Haignieré, à M. de Verdal, capitaine du
génie, dont la famille s'était alliée à celle de M. Lapara, et a possédé, pendant environ cent ans, le bien de Bas-Bourlès, qui avait appartenu à Claude
Lapara.

(1) *Grand Dictionnaire historique de Moréri.*

Suze, un jour; en 1691, le château de Villefranche, un jour; celui de Nice, 4 ; Carmagnole, 2 ; Coni, 10 ; le château de Montmélian, 33 jours; en 1693, la citadelle de Roses, 8 jours; en 1694, Palamos, 7 jours; Girone, 10 ; en 1695, Dixmude, 3 jours; Bruxelles, bombardement, 2 jours; en 1696, Valence en Piémont, 15 jours; en 1697, Barcelone, 52 jours; en 1704, les retranchements de la Brunette, 2 jours; la citadelle de Suze, 4 ; en 1705, Verrue, siége et blocus, 90 jours comptés de l'arrivée de M. Lapara devant la place; la Mirandole, 20 jours ; Chivas, 40 ; enfin en 1706, le fort Mont-Jouy de Barcelone, 10 jours, jusqu'à sa mort.

M. Lapara fit le siége de Luxembourg en 1684 ; c'était, d'après une lettre de sa correspondance, le vingt-quatrième auquel il assistait. Il commandait, à ce siége, une des trois brigades d'ingénieurs qui étaient employées à l'attaque principale sous les ordres immédiats de Vauban. Il servit avec une grande distinction. Une commanderie étant devenue vacante par la mort d'un ingénieur, Vauban la demanda pour M. La_para, disant qu'il la méritait bien, et qu'elle lui aiderait à supporter la sécheresse de sa majorité très peu pécuniaire de soi.» Il était alors major de la citadelle d'Arras. L'état apostillé des ingénieurs employés au siége, signé de Vauban, porte, au nom de Lapara : « Il est fort bon garçon et a du cœur. Il a fort bien servi. » Il reçut une blessure au visage d'un éclat de grenade et deux contusions, l'une à l'épaule, d'un coup de mousquet, et l'autre à la jambe, sans être mis hors d'état d'agir. Après la reddition de la place, Louvois annonça à Vauban qu'il avait obtenu du roi la majorité de Luxembourg pour Lapara, sur l'assurance qu'il avait donnée à Sa Majesté que cet ingénieur serait plus sage qu'il n'avait été à Huningue. Nous ignorons quel était le sujet de reproche du ministre.

Impatient et ne recevant de M. de Vauban, dans les premiers jours du siége, aucun plan des travaux, Louvois en fit demander un à M. Lapara par le commissaire du Coudray. De là naquit entre le ministre et l'ingénieur une correspondance de plusieurs lettres, qui ont été recueillies au dépôt de la guerre, et qui contiennent quelques faits intéressants sur le siége de Luxembourg. Nous ne ferons mention que de la première, qui est du 11 mai. M. Lapara annonce au ministre que le roc du terrain de Luxembourg s'est trouvé beaucoup plus maniable que de certaines terres qu'il y a, et que M. de Vauban espère par ces essais qu'il pourra trouver le terrain de même, jusqu'à portée où il se mettra pour insulter le chemin couvert. » Les rapports de tranchée de M. de Vauban confirment ce fait. Le roc, dit-il, se lève par lits assez aisément de jour ; mais la nuit on ne voit pas les joints, et la sape avance peu. D'ailleurs il n'est point dangereux, parce que les ennemis ne tirent pas un coup de canon. M. Lapara annonçait en même temps au ministre qu'il s'était attaché à reconnaître la place, et qu'il osait dire qu'elle n'était point de la bonté et de la force dont il l'avait ouïe vanter. En effet, les forts du Bas et du Haut Grünwald n'étant pas construits en 1684, les hauteurs qu'ils occupent aujourd'hui fournirent à M. de Vauban l'emplacement de plusieurs batteries qui prenaient à revers le front de la fortification que l'on attaquait. La garnison n'étant d'ailleurs que de 3,600 hommes, dont 400 bourgeois armés, la forte place de Luxembourg ne soutint que 24 jours de tranchée ouverte (1). Le siége eût pu être plus rapide. Mais Louis XIV approuvait que l'on usât de délais pour réduire la place avec aussi peu de perte que possible ; il fit écrire à Vauban qu'il admirait l'industrie avec laquelle on était venu à bout de faire des logements sur la contrescarpe sans perdre un homme. On sait que c'est devant Luxembourg que Vauban fit usage, pour la première fois, de cavaliers de tranchée pour l'attaque du chemin couvert. Il regardait le siége de cette place comme un de ses plus beaux

---

(1) La tranchée fut ouverte la nuit du 8 au 9 mai ; le gouverneur fit battre la chamade le 1er juin ; la capitulation fut signée le 4.

siéges. Il en a écrit une relation détaillée fort intéressante.

Nous ne pouvons entrer dans aucun détail sur les services de M. Lapara, depuis 1685 jusqu'en 1690. La chronologie militaire de Pinard nous apprend seulement qu'il assista, en 1688, aux siéges de Philisbourg, de Manheim et de Frankenthal; en 1689, à l'affaire de Valcourt, et en 1690, à l'affaire de Cokum. L'affaire de Valcourt, non loin de la Sambre, est consignée dans Quincy; ce fut une attaque de poste opiniâtre, dans laquelle nous éprouvâmes un échec. M. Lapara put y trouver l'occasion de se distinguer.

A partir de la fin de 1690, M. Lapara, ayant, jusqu'à sa mort, presque toujours servi en chef, a entretenu avec les ministres de la guerre une correspondance qui existe au dépôt de la guerre. Le dépôt des fortifications possède aussi quelques lettres, plans et mémoires de cet ingénieur, mais en petit nombre.

Dans le mois de novembre 1690, M. Lapara était à l'armée de Piémont que commandait M. de Catinat. Ce général conduisit en personne un détachement par le col de la Fenêtre, pour tourner les retranchements du pas de Suze devant lesquels son armée était arrêtée. Il ouvrit ensuite, la nuit du 12 au 13, la tranchée devant la citadelle de Suze. La garnison à laquelle il promit une capitulation avantageuse, ne le fit pas attendre pour lui ouvrir les portes de la place. M. Lapara quitta l'armée le 20, et se rendit à Paris, portant un plan de Suze avec les mémoires de ce qu'il y avait à faire sans perdre de temps à la citadelle et à la ville.

Dans le mois de mars 1691, M. Lapara dirigea en chef plusieurs siéges dans le comté de Nice, sous les ordres de M. de Catinat. Il suffit de quelques bombes jetées avec adresse dans le château de Villefranche pour le faire rendre. « Quand la garnison se serait tenue les mains dans les pochettes, dit M. de Catinat, nous pouvions être fort aisément sept ou huit jours à ouvrir cette place. » Le fort de Montalban et le fort de Saint-Hospice ne firent aucune résis-

tance. La ville de Nice se rendit également. Il restait son château dont la situation, à la première vue, fait peur. Le 27
mars au soir, M. de Catinat écrivait, qu'après avoir passé
une journée à visiter Nice, il ne trouvait pas un endroit qu'on
puisse dire aisé ni facile pour l'attaque du château. Le 28, il
écrivit : « Notre affaire ira bien et plus vite que je ne pensais
la veille. »

La nuit du 28 au 29, M. Lapara fit ouvrir la tranchée dans
la ville et au dehors : dans la ville, contre le petit front d'un
ouvrage couronné appelé la Citadelle, qui couvre un des côtés du château ; et au dehors, contre la branche gauche de
cet ouvrage, à l'égard de l'assiégeant. On établit des batteries
dans la campagne pour ruiner les défenses et jeter des bombes
dans le château. Le 29, le feu prit dans un magasin à poudre
du donjon ; l'explosion fit un fracas inexprimable et mit hors
de combat plus du tiers de la garnison. « Nous nous aperçûmes
bien, dit M. Lapara, par la discontinuation de leur feu de
mousqueterie, qu'ils avaient perdu beaucoup de gens. J'étais
à la tête de la tranchée lorsque cela arriva, et nous eûmes
beaucoup de soldats tués et blessés des pierres dudit donjon.
Nous fûmes une demi-heure dans les ténèbres, et nous pûmes
inférer que les ennemis avaient reçu un dommage irréparable
de la part de ce magasin. » Ils ne capitulèrent néanmoins que
quatre jours après, le 2 avril, après qu'une nouvelle explosion eût eu lieu. On ne saurait douter que l'une et l'autre
n'aient été causées par nos bombes qui étaient lancées avec
beaucoup de justesse.

Pendant ce temps l'attaque avait fait des progrès rapides.
Dès la troisième nuit, M. Lapara s'était logé sur la contrescarpe des deux demi-bastions de l'ouvrage couronné. Le 30,
il avait perfectionné ce logement, et deux pièces y avaient été
mises en batterie pour faire un trou dans l'escarpe pour l'attachement des mineurs. On remarqua que le canon caché des
flancs à orillons, qu'on ne pouvait battre, ne voyait que la
moitié du fossé, de manière qu'il suffisait de pousser l'épau-

lement du passage du fossé jusqu'à cette moitié, pour être à portée de soutenir les mineurs. A l'attaque du dehors, M. Lapara avait, le 30, attaché un mineur au flanc d'une espèce de fausse braie parallèle à la branche gauche de l'ouvrage à corne. Le 2 avril, la mine était chargée et prête à faire son effet. M. Lapara espérait par cet endroit pouvoir attacher par la suite un mineur à une des tours du château. Dans le peu de jours que dura ce siége, il eut deux fois son chapeau percé de balles.

M. de Catinat annonça à Louvois la reddition de Nice, en ces termes : « Ils appelaient le château de Nice une pucelle, parce qu'il n'avait jamais été pris. Pareils pucelages font autant de plaisir que ceux que l'on a tant de peine à trouver. » Il fit partir pour Paris, avec les plans du comté de Nice, M. Lapara, les services duquel lui avaient été très utiles dans cette expédition. Le roi était alors devant Mons, dont le siége finit le 9 avril. M. Lapara put en voir les travaux, mais il n'y assista pas : c'est par erreur que M. Allent dit le contraire. On avait déjà à cette époque la pensée du siége de Turin, et à ce sujet, M. de Catinat déclarait qu'il était très satisfait de M. Lapara, qu'il lui avait trouvé de l'expérience et un bon discernement, meilleur même qu'il n'aurait pensé. »

M. de Catinat se rendit, après le siége de Nice, à Suze où était le gros de son armée et où M. Lapara le rejoignit. Il se dirigea sur Carignan où il passa le Pô, alors guéable en cet endroit (1). La nuit du 7 au 8 juin, il ouvrit la tranchée devant Carmagnole. La garnison qui ne se composait que de 600 hommes de divers corps, et de 400 hommes de milice, se rendit le 9. Ayant eu avis que Coni n'était gardé que par des milices, M. de Catinat résolut d'en faire faire le siége, pensant qu'il aurait le temps de prendre cette place, avant qu'elle pût

_____

(1) Le gué de Carignan est un des gués du Pô les plus connus.

être secourue par M. de Savoie. Le 10, il détacha le marquis de Feuquière, alors maréchal de camp, avec 5 bataillons et 5 régiments de cavalerie, pour se porter devant Coni ; le 14, il fit partir pour la même destination M. de Bulonde, lieutenant général, avec de nouvelles troupes, l'artillerie et les vivres nécessaires pour le siége. M. de Bulonde arriva le 17 devant la place, avec M. Lapara. La veille, il y était entré un détachement dont on ignorait la force. Le corps de M. de Feuquière avait attaqué ce détachement, mais il n'en avait atteint que la queue. Il devait néanmoins lui avoir causé une perte considérable, au dire de M. de Feuquière. Voici les termes de son rapport : « J'ai visité le lieu où l'action s'est passée, il y a beaucoup de corps et cela dure près d'une lieue et demie ; je sais d'ailleurs que les fuyards sont arrivés au Mondovi au nombre de plus de 2,000 hommes. Si le secours était de 4,000 comme ils disent, il n'a pas laissé d'y en entrer considérablement, mais s'il n'y avait que 3,000 hommes en tout, il n'y en est pas entré beaucoup. » Il paraît que ce fut cette dernière opinion qui prévalut ; M. Lapara reproche à M. de Feuquière d'avoir toujours soutenu qu'il n'était entré personne à Coni.

On ouvrit la tranchée, la nuit du 18 au 19 juin, sur la rive droite de la Sture, à la faveur d'un rideau qui conduisait à couvert jusqu'à la portée de fusil du chemin couvert. L'attaque devait être dirigée sur le bastion le plus voisin de la rivière. On commença une batterie pour six pièces, quatre de 24 et deux de 16 ; c'était, avec quelques mortiers, les seules bouches à feu de siége que l'on eût. Ces pièces furent en état de tirer le 20.

M. Lapara poussa les travaux rapidement. La quatrième nuit de tranchée, il se trouvait à douze toises des angles saillants de la contrescarpe, ayant trois parallèles l'une sur l'autre qui enveloppaient tout le front d'attaque. Ce front se composait de deux bastions revêtus, unis par une courtine, devant laquelle était une demi-lune en terre et un chemin couvert bien palissadé. Le glacis était bien réglé, mais la contrescarpe n'était pas revêtue. Nous nous trouvâmes ainsi, dit M. Lapara, à portée d'insulter le chemin couvert et même la demi-lune qui est assez défectueuse. Les deux dernières nuits, les ennemis nous firent si peu de feu de mousqueterie, que l'on n'eut pas de peine à croire qu'ils n'avaient pas plus de 1,000 à 1,200 hommes, comme l'a toujours assuré M. de Feuquière à M. de Bulonde. Cette insulte eut lieu le 22 au matin, *un peu avant le jour*. On y employa 500 grenadiers, 500 fusiliers choisis, et 200 dragons, soutenus par 2 bataillons dans la tranchée. Le chemin couvert et la demi-lune furent emportés. Il y eut même un officier qui, avec 14 grenadiers, entra dans la ville par la poterne sous la courtine. On commença les logements, mais les assiégés ayant garni la courtine ainsi que les faces et les flancs des deux bastions, firent un feu si vif et si suivi, que l'on fut obligé de tout abandonner et de se retirer dans la place d'armes d'où l'on était parti pour l'attaque. On fit seulement un logement très informe, sur l'angle le plus saillant du chemin couvert. On apprit par des rendus ou déserteurs, que la garnison était de 3,500 hommes, auxquels s'étaient joints 800 bourgeois qui, pendant l'attaque, avaient fait feu de tous les clochers et des maisons voisines de la courtine. La perte fut de plus de 500 hommes tués ou blessés. On ne peut nier que, si la molle résistance des assiégés avait pu faire présumer qu'on pouvait entreprendre l'insulte des dehors, l'heure avait été mal choisie pour l'exécuter un peu avant le jour.

M. Lapara n'avait plus que deux ingénieurs en état d'agir. Il prit des officiers de la ligne de bonne volonté pour l'aider.

La nuit du 24 au 25, septième du siége, on se logea à la sape sur l'angle saillant du chemin couvert de la demi-lune. La nuit du 26 au 27, on arriva au bord du fossé de cet ouvrage. La même nuit, M. Lapara fit ouvrir un long boyau qui conduisait à l'angle saillant du chemin couvert du bastion de la droite, où l'on traça un petit logement. M. de Feuquière cri-

tique amèrement, dans ses Mémoires (1), ce travail auquel il
s'était opposé. La vérité est que l'ennemi fit une sortie qui
obligea à l'abandonner momentanément. Mais le siége n'en
continua pas moins encore deux nuits sans accident, et M. Lapara était à la veille d'attacher le mineur au bastion d'attaque,
lorsque dans la nuit du 28, M. de Bulonde crut devoir, sur le
bruit de la marche du prince Eugène, lever le siége. M. Lapara ne fut pas consulté ; il reçut à onze heures du soir l'ordre
de faire évacuer la tranchée ; il lui parut qu'il était difficile de
faire autrement, attendu la faiblesse de l'armée assiégeante
qui ne pouvait pas empêcher de secourir la place, et à laquelle
le terrain n'offrait pas de position avantageuse pour combattre l'ennemi. La cour n'entra pas dans l'examen de ces
circonstances ; elle fit expier à M. de Bulonde, dans une dure
captivité, à Pignerol, l'affront que son armée venait d'essuyer.

Après avoir conféré avec M. Lapara et M. de Cray, habile
officier qui commandait l'artillerie, M. de Catinat renonça à
reprendre le siége d'une place qu'il n'avait pas les moyens de
circonvaller. Trois ingénieurs avaient été tués et sept blessés ;
parmi ces derniers était le frère de notre ingénieur.

M. Lapara ne partagea pas la disgrâce de M. de Bulonde
qui, à en croire Feuquière, se laissait conduire par son ingénieur. La même année, le roi le destina à servir en chef, au
siége du château de Montmélian, sous M. de Catinat. M. de
Barbésieux, qui avait succédé à son père, crut devoir écrire
à M. de Catinat, de recommander à M. Lapara de traiter les
ingénieurs sous ses ordres, avec plus d'honnêteté qu'il n'avait
coutume de faire. La recommandation est singulière de la
part d'un jeune homme, connu par sa manière cavalière de
traiter les lieutenants généraux.

Le château de Montmélian défendait un pont en pierre sur
l'Isère, à l'embranchement des deux routes de Piémont en

---

(1) Tom. 4, p. 196.

France par le mont Cenis, dont l'une conduit à Grenoble et l'autre à Lyon. Cette conquête était importante. On fit les préparatifs convenables pour en assurer le succès.

L'équipage de siége se composait de 20 pièces de 24, 6, de 8, 12 mortiers, 3,000 boyaux, 2,000 pics à roc, 1,100 bèches, 3,000 escoupes ou pelles de fer, 200 brouettes, 1,000 hottes, 500 haches, 1,000 serpes, 60,000 sacs à terre, 700 ballots de laine de 3 1/2 pieds de long sur 2 1/2 pieds de large et pesant 200 livres chacun, etc. Ces ballots furent trouvés d'un usage admirable pour faire des logements.

On ouvrit la tranchée, la nuit du 18 au 19 novembre, entre la ville et le château, devant le bastion de Beauvoisin. La garnison se rendit le 21 décembre. Pendant toute la durée du siége, M. Lapara fut comblé d'éloges par M. de Catinat et par le roi. Le 4 décembre, Louis XIV, qui, depuis la mort de Louvois, faisait lui-même sa correspondance avec les généraux en chef de ses armées, écrivit à M. de Catinat : « Je suis très content des ingénieurs sur ce que vous me mandez, et surtout de Lapara qui se conduit très bien et avec beaucoup de capacité. » On lit dans une autre lettre du roi: «J'ai vu avec plaisir le plan que Lapara a envoyé au marquis de Barbésieux. Je suis très aise que l'on perde aussi peu de monde, et je vous sais fort bon gré de ne pas exposer les soldats que fort à propos. » Le 15 décembre, après que les mineurs eurent été attachés à l'escarpe du bastion d'attaque, par M. Lapara en personne, M. de Catinat écrivit au roi « Je puis vous assurer, Sire, que M. Lapara sert parfaitement bien avec intelligence et courage. Je le vois avec peine tant s'exposer. » Le 20, M. Lapara eut l'os de la joue cassé d'un coup de feu. Le roi lui fit remettre 6,000 livres pour lui témoigner la satisfaction qu'il avait de ses services, et l'aider à supporter la dépense que sa guérison lui occasionnerait. Nous ne croyons pas que depuis il ait reçu d'autre gratification, même devant Barcelone (1). Les beaux

(1) On lit dans la table des matières des mémoires de Saint-Simon (édition

temps du règne de Louis XIV étaient passés, et la gêne était déjà dans les finances.

Pendant le siége de Montmélian, on passa en galerie souterraine sous le glacis, pour entrer dans le fossé et aller attacher le mineur. Cette galerie, ouverte dans une terre franche, solide et sans mélange de pierres, avançait de deux toises en vingt-quatre heures. Le logement du mineur fut difficile à pratiquer. Ce fut un maçon qui en vint à bout. Il ne mit que cinq heures à faire un trou profond d'un mètre.

En 1692 M. Lapara assista au siége de Namur, comme second de M. de Vauban, qui n'eut pas besoin de l'employer, et ne le nomme même pas dans le journal qu'il a écrit de ce siége (1).

---

de 1830), que M. Lapara reçut du roi, après le siége de Barcelone, en 1697, une gratification de 12,000 liv., mais, à la page du texte à laquelle renvoie la table des matières, on trouve le nom de M. de Chemerault, qui apporta le premier la nouvelle de la reddition de Barcelone, et précéda M. Lapara. Tous deux furent nommés maréchaux de camp.

(1) Nous pensons que l'on nous saura gré d'extraire de ce journal le fait suivant, tant pour l'honneur qu'il fait à l'esprit de l'armée que pour les réflexions dont Vauban l'accompagne. « Il se passa une action digne de remarque dans cette attaque (l'attaque du château.) Le roi avait déjà désiré que l'on fit reconnaitre la brèche du demi-bastion droit, qui lui paraissait plus grande que l'autre. Pour cet effet, Saillant, qui commandait les grenadiers des gardes fit un détachement de 15 hommes, dont 7 ou 8 montèrent presque jusqu'au haut, quoiqu'elle fût rapide à ne s'y pouvoir tenir sans mettre la main à terre, et qu'on ne leur eût demandé que de voir la possibilité de la montée. Il y en eut qui s'élevèrent jusqu'au haut de la brèche, où un d'eux ayant été tué et deux autres blessés, les autres se retirèrent; de sorte qu'il n'y en demeura qu'un, nommé Desfossés, enfant de Paris, qui ayant monté jusqu'au parapet, tua un officier des ennemis ; après quoi se laissant couler à mi-brèche, il rechargea son fusil et remonta jusqu'à trois fois, tirant toujours son coup de près et à propos. Quoi fait, il s'en revint seul au petit pas trouver les autres, ayant essuyé une infinité de coups de pierre et de grenades. Le roi témoin de cette action l'ayant fait venir, l'interrogea, le loua et lui donna vingt louis, dont il en prit deux pour boire à la santé du roi avec ses camarades, en donna deux à son capitaine pour

M. Lapara assista la même année à la bataille de Stein-
kerque.

Le 30 mars 1693, M. Lapara fut nommé brigadier. Dans
le mois de mai, il rejoignit en Roussillon l'armée du maréchal
duc de Noailles. Le 24, cette armée quitta le camp du Boulou
et se dirigea sur Roses en trois colonnes : l'artillerie franchit
le col de Pertus, l'infanterie le col de Panissas, et la cavalerie
le col de Porteil. Les deux premiers de ces trois cols sont sous
le canon de Bellegarde. Le lieutenant général Saint Silvestre
qui commandait l'avant-garde, mit le 30 sous les ordres de
M. Lapara, les troupes nécessaires pour faire l'investissement
de la citadelle de Roses, dont le siége était l'objet de la campagne. M. Lapara établit ses postes d'infanterie le plus près
possible de la place, la reconnut, et arrêta de diriger une attaque véritable contre le front qui regarde la ville et appuie
sa droite à la mer, et une fausse attaque contre le front de terre
adjacent. L'ouverture de la tranchée eut lieu la nuit du 1er au

---

lui rendre dans ses besoins, et en envoya seize à sa femme, parce qu'elle
était, disait-il, bonne ménagère et qu'elle en saurait faire bon usage.

Voilà comme parmi les simples soldats et les gens de la plus basse étoffe,
il se trouve par-ci par-là des gens de courage et de valeur, dont on pourrait faire d'excellents officiers, s'ils étaient recherchés avec plus de soin qu'on
ne fait; car ce soldat ne fit point cette action en ivrogne ni en étourdi, mais
en homme d'esprit, sachant fort bien prendre ses avantages dans les endroits
moins vus de la brèche, et ayant trouvé moyen de monter jusqu'en haut, où
se collant contre l'escarpe du parapet, et s'en couvrant, il sut prendre son
temps à propos pour tirer son coup à chaque fois qu'il y monta, au lieu que
ses camarades ayant monté par le milieu se mirent dans l'égout des coups,
où ils ne purent tenir longtemps, à quoi il faut ajouter qu'il savait bien que
le roi était présent et que son action serait remarquée. Il paraît en tout cela
qu'elle fut mêlée de beaucoup de conduite et de courage, qualités absolument nécessaires, non à un simple soldat, mais bien à tous chefs de guerre;
car où il n'y a que du courage sans conduite, on ne réussit que par hasard,
et où l'on ne réussit que par hasard, on réussit très rarement, et on s'expose
toujours à tout perdre. »

2 juin. A l'attaque principale, on fut favorisé par des ravins et des rideaux qui permirent de pousser les cheminements jusqu'à demi-portée de mousquet du chemin couvert. Les travaux de la fausse attaque cessèrent après la troisième nuit. La cinquième nuit, on se logea sur une contre-garde qui couvrait le bastion gauche du front d'attaque; il était très difficile d'y monter, son talus étant très roide et très élevé, mais l'ennemi ne la défendit pas. La huitième nuit, on était maître de tous les dehors, on avait une batterie sur la contrescarpe, et une descente de fossé était près d'être terminée. Au jour on commença à battre en brèche le bastion gauche, et on attacha le mineur à l'autre. Le 9 juin à trois heures après midi, le gouverneur capitula. La garnison ne fut pas prisonnière de guerre, la place n'étant pas ouverte.

Il est impossible de rendre plus de justice à un officier, que ne le fit en cette occasion le duc de Noailles, à l'égard de M. Lapara. Il écrivit au roi : « J'envoie Lapara pour rendre compte à Votre Majesté de tout le détail du siége et de l'état de la place; mais je ne puis m'empêcher de lui dire qu'il ne se peut rien ajouter à tout ce qu'il a fait, et que M. de Vauban ne désavouerait peut-être pas l'ordre et la conduite qu'il a tenue dans ses ouvrages. Il ne pourra jamais assez vous exagérer combien il a été nécessaire pour la prise de cette place. »

Louis XIV écrivit de sa main la lettre la plus flatteuse au maréchal de Noailles. Dès les premiers jours du siége, dans un entretien avec le roi, Vauban en porta un jugement favorable. Voici la lettre qu'il écrivit à ce sujet au maréchal (1) :

« J'admirai votre diligence, » dit-il, en lui racontant son entretien avec le roi. « Je trouvai la place très bien attaquée et par le bon côté, mais un peu trop embrassée pour le peu de monde que vous y aviez, et j'eus quelque peur pour votre

_____

(1) *Mémoires politiques et militaires* par l'abbé Millot, tom. 1er, p. 220.

droite. Le roi vous loua comme un homme de mérite et d'application, et moi, comme un sournois qui en saviez plus que vous n'en disiez, et qu'il pouvait se souvenir que, quand vous étiez comte d'Ayen, vous étiez dans une perpétuelle étude de l'attaque et de la défense des places ; que vous vous y étiez si bien fortifié, que j'étais sûr que vous saviez par où attaquer Girone il y avait plus de deux ans. Sur cela le roi me dit que ce n'était pas par où elle l'avait été en dernier lieu. » (Le maréchal de Bellefonds y avait échoué en 1684). « Voilà à peu près où finit le dialogue du siége de Roses ; et je m'attendais à la suite d'un grand siége, dont je demandais des nouvelles à tout le monde, quand on a commencé à dire qu'elle était prise. Je n'en crus rien ; il y a plus de huit jours qu'on en parle sans avoir pu me résoudre à le croire. Cependant le bruit s'en est tellement répandu, qu'il n'y a plus de raison à n'y pas ajouter foi : je m'en réjouis donc, Monseigneur, d'aussi bon cœur que si c'eût été moi qui l'eût prise. Je souhaiterais avec le même cœur que Girone pût avoir le même sort, et que, maître et seigneur du Lampourdan, vous puissiez là heureusement finir votre campagne ; après quoi, Dieu vous ramène plein de joie et de santé. »

Peut-être trouvera-t-on que le grand Vauban se montre un peu courtisan dans cette lettre. Pour nous, nous n'y voyons que le style du temps. Reprenons la correspondance du maréchal de Noailles. Il terminait sa lettre au roi sur le siége de Roses, par ces mots :

« Si Votre Majesté n'a point affaire de Lapara, et qu'elle veuille bien nous le renvoyer, je lui en serai obligé. Il servira utilement, et s'il n'y a pas de siége, il servirait comme brigadier. C'est un homme dont je m'accommoderai fort et que l'on peut mettre à tout. »

Le roi nomma M. Lapara chevalier de St-Louis, et attacha à son brevet une pension de mille livres. Il ajouta à cette faveur en le recevant chevalier, mais il ne l'avança pas dans la suite dans l'ordre de St-Louis.

Le maréchal de Noailles avait, par le conseil de M. Lapara, négligé le fort de la Trinité qui voyait à revers l'attaque principale, mais d'une trop grande distance pour lui nuire ; et d'ailleurs, soumis de près au commandement de montagnes qu'il suffit d'occuper pour être assuré que les défenseurs n'oseraient se montrer sur le parapet. Il avait résolu de faire prisonnier le commandant de ce fort pour avoir eu la témérité de souffrir une batterie de six pièces de canon qui avaient tiré tout un jour ; mais il se laissa aller à lui faire bonne capitulation pour n'être pas obligé d'ouvrir un fort qu'il faudrait réparer ; et d'ailleurs on aurait pu, dit-il, y perdre quelque officier qui aurait mieux valu que le gouverneur.

Le spirituel duc de Grammont rapporte qu'un Espagnol qui faisait partie de la garnison de Roses lui dit à Bayonne, qu'il y avait deux choses qui les avaient forcés de se rendre ; la première était d'avoir été attaqués par de fort braves gens et de s'être trouvés tous des coquins fort ignorants, la seconde, de ce que le gouverneur avait retiré d'abord partie des troupes du dehors pour les renfermer dans la place en leur donnant trois fonctions : l'une de veiller à l'effet des bombes de peur d'en être écrasés, l'autre de se précautionner contre le canon des batteries du roi, et la troisième, d'essayer de se garantir des mousquetades ; et que comme c'était là l'emploi de la garnison pendant le siége, on s'était mis peu en peine de tirer, moins encore de défendre Roses.

Cette anecdote accuse la mollesse de la défense, mais elle ne peut faire changer d'opinion sur le mérite de l'attaque. Les défenses d'Ath et de Brisach ne furent rien moins qu'opiniâtres. On disait d'Ath : c'est la place qui est belle et bonne et qui se défend d'elle-même (1). Le gouverneur de Brisach fut

(1) Masse, ingénieur géographe contemporain, rapporte dans son atlas manuscrit des *époques remarquables*, que las de faire la guerre pour les intérêts de l'Espagne, les alliés convinrent avec Louis XIV, qu'ils ne secour-

accusé de trahison et décapité, quoiqu'il protestât de son innocence. Les siéges d'Ath et de Brisach n'en sont pas moins cités parmi ceux qui font le plus d'honneur à Vauban.

M. Lapara fut de retour au camp sur la Fluvia le 3 juin. L'armée du duc de Noailles ne devant plus faire aucune entreprise sérieuse, il rejoignit en Piémont l'armée du maréchal de Catinat, et assista le 4 octobre à la bataille de la Marsaille. Le matin de l'action, la gauche de notre infanterie étant toute découverte et dans une plaine rase, exposée au feu de l'artillerie ennemie, le maréchal chargea M. Lapara d'amener la gendarmerie sur ce point dangereux. Il fut si satisfait de la manière dont M. Lapara exécuta cet ordre, qu'il en fit mention dans la relation de la bataille : « M. Lapara est aussi bon porteur d'ordre qu'ingénieur de tranchée, et s'est attiré bien des louanges de la gendarmerie qui ne le connaissait point et qui m'a demandé qui était cet officier qui avait une grande mouche en croissant sous l'œil. » Le roi récompensa les services de M. Lapara en lui donnant, le 8 octobre, le gouvernement de Niort, qui rapportait 2,840 livres.

L'année 1694, M. Lapara commanda les ingénieurs à l'armée du maréchal de Noailles, en Catalogne. Les Espagnols ayant voulu essayer de défendre le passage du Ter, furent complétement défaits, le 27 mai, à Torreil de Mongris, et ne tinrent

---

raient pas Ath, et que le gouverneur qui avait des ordres secrets, faisait faire un grand feu du côté où on ne l'attaquait pas, et sur le front attaqué ne tirait presque pas un coup de canon ; ce qui donna lieu à M. de Vauban de faire le siége d'Ath comme un siége d'école, où il enseigna aux ingénieurs toutes les précautions qu'on doit prendre dans l'attaque des places. Cette anecdote vaut celle du duc de Grammont, sans être aussi plaisante.

Les Masse sont connus par un grand nombre de cartes des frontières qu'ils ont levées. Le père, né en 1650 et mort en 1735, fut longtemps employé à La Rochelle, et fit en 1694 la campagne de Catalogne, nous ne saurions dire au juste en quelle qualité. Il a laissé beaucoup de notices et de plans de places de divers pays. Les fils avaient été admis dans le corps du génie.

plus la campagne. 4,000 hommes se jetèrent dans Palamos et
6 à 8,000 dans Girone. La place de Palamos, importante par
son port, était dans un passable état de défense. Elle ferme
une presqu'île à l'extrémité de laquelle est une citadelle. L'une
et l'autre ont peu d'étendue superficielle et manquaient entièrement d'abris à l'épreuve pour les troupes. La ville était
ceinte du côté de terre par une ancienne muraille bâtie avec
du mortier de terre. Cette muraille était couverte à gauche,
à l'égard de l'assiégeant, par deux bons bastions revêtus, de
construction récente, et à droite, par une mauvaise tenaille
en terre qui avait été fraisée. Les fossés n'avaient que deux
ou trois pieds de profondeur. Les palissades du chemin couvert étaient plantées sur sa crête. Les parapets de la citadelle
n'étaient pas à l'épreuve ; ses fossés étaient imparfaits et ses
chemins couverts palissadés d'une manière informe.

On ouvrit la tranchée la nuit du 1er au 2 juin. M. Lapara
poussa les travaux rapidement, mais en prenant toutes les précautions que nécessitait la force de la garnison. Il fut puissamment secondé par l'artillerie. Le maréchal de Tourville,
qui commandait l'armée navale, avait débarqué un grand
nombre de bouches à feu de gros calibre. La ville et la citadelle furent battues et bombardées à la fois par terre et par
mer. La première fut presque réduite en cendres ; la seconde,
lorsque la place capitula, était un sépulcre rempli de morts
et de mourants. La garnison avait éprouvé des pertes considérables. Le 7 juin au matin, comme on était assez près des
trois angles de contrescarpe, avec de grandes places d'armes
à quatre à cinq banquettes de hauteur, le maréchal de
Noailles résolut d'insulter le chemin couvert. Il commanda,
pour exécuter ce coup de main, onze compagnies de grenadiers
qui furent mises sous les ordres du lieutenant général Saint-
Silvestre. Un régiment de Suisses et quelques détachements
furent postés à la droite pour observer la place pendant l'attaque et empêcher les sorties. Les grenadiers forcèrent les
ennemis dans le chemin couvert, et, se mêlant avec eux, ils

enlevèrent les bastions, la tenaille, et pénétrèrent dans la ville par une petite brèche qui avait été ouverte dans le rempart. Dans le même temps, les détachements de la droite, ayant aperçu une brèche facile dans une partie de l'enceinte qui n'était couverte par aucun dehors, y étaient montés; la place fut perdue sans retour pour les Espagnols (1).

Le soir, on ouvrit la tranchée contre la citadelle, où s'étaient réfugiés 1,107 hommes, au milieu de ruines, dans un espace très restreint. Cette troupe se rendit, le 10, à discrétion, sans autre condition, que chacun, officier ou soldat, emporterait ce qu'il pourrait porter sur son dos. Il ne sortit à cheval que le gouverneur et un grand d'Espagne. Cette défense, quoique courte, faisait honneur aux troupes qui l'avaient soutenue. Les blessés et malades furent dirigés sur Girone où ils furent reçus.

« Le maréchal, dit l'abbé Millot, loue si souvent dans ses dépêches, et en particulier au sujet du siége de Palamos, M. Lapara, ingénieur, également brave, habile et zélé, que son nom semble avoir droit à une place dans l'histoire. Si les annales des nations perpétuaient le souvenir de quiconque a

---

(1) Le général Gouvion Saint-Cyr rapporte dans le journal de ses opérations en Catalogne, que les Espagnols essayèrent en 1809 de défendre la presqu'île de Palamos après l'avoir retranchée; mais que faute d'avoir bien reconnu les escarpements auxquels ils appuyèrent les extrémités de leur retranchement, ils essuyèrent une catastrophe terrible. Leur retranchement fut forcé de front en même temps que tourné aux deux extrémités qui avaient été jugées inaccessibles. Les défenseurs furent passés au fil de l'épée par les troupes assaillantes italiennes. Ce résultat terrible nous fut utile en ce qu'il empêcha plusieurs autres villes de suivre le même exemple. Le général termine son récit par quelques réflexions très justes sur la défense des villes. « Nous sommes bien loin, dit-il, de blâmer en général les efforts que les Catalans ont faits, mais ils ont souvent dépassé le but. Ils ont, dans plusieurs occasions, causé la ruine des populations, sans nécessité comme sans avantage. »

glorieusement servi sa patrie, on verrait beaucoup plus de grands hommes. Les âmes ou les génies supérieurs dédaigneraient la fortune pour acquérir cette espèce d'immortalité, inutile sans doute aux morts, mais capable d'enflammer l'émulation des vivants. » Le maréchal de Noailles avait écrit au roi, après le siége de Palamos : « Lapara a très bien conduit toute cette affaire, et Votre Majesté en doit être très contente, aussi bien que des ingénieurs qui sont sous lui, lesquels ont tous très bien fait leur devoir. Lapara a eu deux coups très favorables, dont l'un lui perça son chapeau et l'autre lui coupa sa cravate. » Le maréchal demanda pour le sieur Dandigné qui commandait l'artillerie, et pour le sieur Lapara, la grâce de les faire servir un jour en qualité de brigadier, c'est-à-dire de les faire rouler un jour pour le service avec les autres brigadiers de l'armée. Le roi refusa cette faveur pour tous deux.

Bien qu'appuyé par une escadre nombreuse, le maréchal de Noailles ne se crut pas assez fort avec 17,000 hommes effectifs, qui composaient son armée, pour tenter l'attaque de Barcelone. Il en informa le roi, et revint sur Girone qu'il ne ne pouvait négliger, cette place renfermant une garnison nombreuse et toute l'artillerie de l'armée, qui avait été défaite sur le Ter. Il arriva le 19 devant Girone. Le même jour M. Lapara reconnut les fortifications avec les ingénieurs qui étaient sous ses ordres, et écrivit au ministre : « Je suis arrivé cette nuit avec M. de Saint-Silvestre devant cette place, qui a été investie le même jour, et j'ai été une partie d'icelui employé à la reconnaître après avoir pris soin de faire occuper tous les postes qui pouvaient me favoriser. Je ne puis avoir l'honneur de vous marquer rien sur l'attaque de cette place et de ses forts. Elle est d'une nature et d'une situation extraordinaires, outre les forts et fortins qui l'environnent. Il faut voir et examiner tout cela plus d'un jour pour se déterminer à en former les attaques. » Le 22, M. Lapara écrivit qu'il lui paraissait qu'il fallait former la principale attaque du côté des hauteurs des Capucins. Masse, qui servait près de lui en qualité de dessinateur ou d'ingénieur géographe, lui avait remis un plan de Girone qu'il avait acheté d'un soldat, qui l'avait pris à Palamos, dans le coffre du secrétaire du gouverneur espagnol. Les ouvrages qu'on avait ajoutés à la place depuis le court siége de 1684, et ceux qui n'étaient encore qu'en projet ou ébauchés, tels que le fort des Capucins, étaient représentés sans aucune distinction sur ce plan. Masse prétend qu'on les crut tous également exécutés, et que cette erreur jeta quelque incertitude dans les premières opérations (1). Ainsi, l'armée campa timidement, à son arrivée, entre le Ter et les montagnes de Palamos. On ouvrit la tranchée de très loin contre le fort imaginaire des Capucins, et le 22 juin on construisit une batterie sur le mont Livio, qui n'eut pas de peine à faire brèche dans le mur de clôture du couvent, à quoi se réduisait le fort. Mais l'erreur ne fut pas de longue durée, et le même jour, 22 juin, le maréchal ayant été informé par des rendus, du véritable état du poste des Capucins, le fit insulter, à cinq heures du soir, par un détachement qui s'en empara sans trouver de résistance.

Maître de ce point, M. Lapara reconnut plus exactement la place. Il fut plus savant, comme il le dit lui-même, et répara le peu de jours qui avaient été perdus. Masse convient qu'il poussa les opérations avec vigueur et sans perte. La nuit du 23 au 24, on ouvrit la tranchée avec 2,500 travailleurs, en deux endroits, savoir : devant le front du fort du Connétable (le fort de la reine Anne n'existait pas en 1694), et devant le front de la ville sur la rive droite de l'Ogna. On communiqua les deux attaques par le grand ravin qui descend du fort. Le soir du 24, on commença deux batteries ; le 26

---

(1) Masse se sert mal à propos du mot de *bévues* pour qualifier ces premières opérations. On fut prudent, on devait l'être, mais on ne commit point de fautes.

elles furent en état de tirer. Le découragement s'empara des Espagnols. Ils avaient montré jusque-là beaucoup de confiance, de la jactance même. Il n'y avait ni logement ni abri dans les forts. Redoutant le sort de Palamos, la nuit du 27 au 28, ils abandonnèrent le fort du Connétable, celui du Calvaire et deux redoutes, dont la tranchée était très incommodée. Une des faces du fort était endommagée, mais elle ne l'était pas au point qu'on y pût monter, outre qu'il y avait devant un très bon fossé et une contrescarpe palissadée.

M. Lapara fit descendre proche les murailles de la ville, les pièces qui avaient servi à l'attaque du fort du Connétable. Le gouverneur ne pouvant pas compter sur ses troupes, n'attendit pas que la brèche fût ouverte, et capitula le 30. La garnison ne fut pas prisonnière de guerre, mais elle s'engagea à ne pas servir pendant la campagne. 400 hommes de cavalerie qui en faisaient partie, auraient pu s'échapper, car la place n'était pas investie. Le maréchal de Noailles partagea les chevaux entre les officiers. M. Lapara en eut neuf. Il partit pour Paris, pour donner au roi des détails sur le siége et sur les nouvelles fortifications de Girone (1). Il fit valoir, il en avait le droit, les services qu'il avait rendus en cette occasion, le bon choix du front de l'attaque, une conquête importante qui n'avait pas coûté 200 hommes, tués et blessés. Il aurait désiré le grade de maréchal de camp, pour être tiré de pair d'avec les ingénieurs ses égaux, mais qui lui étaient inférieurs en services. Cette récompense, qui s'obtient quelquefois si aisément, ne lui fut accordée qu'en 1697, après la prise de Barcelone.

M. Lapara ne retourna pas en Catalogne. Il n'eut point de part à la prise du château d'Hostalrich, une des actions les

----

(1) Masse reproche à M. Lapara de lui avoir fait tracer sur le plan de Girone tous les ouvrages projetés comme s'ils étaient exécutés.

plus audacieuses tentées par les troupes françaises (1). Il reçut un ordre du roi pour servir en qualité de brigadier des armées, sous MM. les maréchaux de Choiseul et de Beuvron, soit à Dieppe, soit au Hâvre. Il pourvut à la défense des côtes de Normandie, menacées par une flotte ennemie.

En 1695, dans le mois de juillet, M. Lapara rejoignit devant Dixmude, l'armée du maréchal de Villeroi. Il arriva le 25 à dix heures du matin. Le maréchal vint à sa rencontre avec les princes, ducs de Chartres et d'Elbeuf, et lui témoigna qu'il souhaitait que l'on ouvrît la tranchée le même jour. M. Lapara le satisfit, malgré le peu de temps qu'il avait eu pour reconnaître la place. La lune éclaira les travailleurs, mais les blés que les ennemis avaient eu la bonté de laisser sur pied, dit M. Lapara, leur en dérobèrent la vue. Cependant le 28, comme on allait sortir de ces blés, et être obligé de travailler à la demi-sape, le gouverneur fit battre la chamade, et rendit la place. La garnison, forte de 4,300 hommes de belles troupes, fut prisonnière de guerre. Deinse se rendit après avoir été investie. Le maréchal de Villeroi ne jugeant pas qu'il eût les forces nécessaires pour faire lever le siége de Namur, voulut tenter de secourir cette place par une diversion sur Bruxelles. Il se porta devant cette ville et la bombarda pendant deux jours, le 13 et le 14 août, en représailles du bombardement

---

(1) Le château d'Hostalrich est uni à la ville dont il porte le nom, par une longue communication resserrée entre deux murailles et interrompue par plusieurs coupures. Les troupes françaises étant entrées dans la ville le 29 juillet, deux grenadiers et un Suisse allèrent, entre midi et une heure, reconnaître la première coupure, et, par une sorte de défi, l'escaladèrent en montant sur les épaules les uns des autres. Ils appelèrent leurs camarades, et animés par l'espoir du pillage, ils escaladèrent de la même manière toutes les autres coupures, chassant devant eux un petit nombre d'Espagnols avec lesquels ils entrèrent pêle-mêle dans le château ; ils firent le gouverneur prisonnier. Pendant cette action, la garnison était à la défense des dehors qui regardent la campagne.

de nos ports par les Anglais. On jeta dans Bruxelles 3,000 bombes qui allumèrent plusieurs incendies. Cette expédition fut sans résultat.

M. Lapara est porté à Paris avec MM. de Vauban et Grand-combe, sur l'état des ingénieurs employés en 1696; mais dans le mois de septembre il se rendit en Piémont, à l'armée que commandait le maréchal de Catinat, devant Valence. Amé-dée II, duc de Savoie, venait de conclure avec Louis XIV un traité, sous le nom de neutralité d'Italie; ses troupes s'étaient jointes à celles de M. Catinat, et il avait mis ses ingénieurs à la disposition de M. Lapara, pour le siége de Valence. Cette place était occupée au nom de l'empereur d'Allemagne et du roi d'Espagne, par une forte garnison, composée d'Alle-mands et de religionnaires. Au nombre de ces derniers était Goulon, ancien ingénieur français, que la révocation de l'édit de Nantes avait chassé de sa patrie. Il avait beaucoup d'expé-rience, connaissait les méthodes d'attaque de Vauban, et l'on ne pouvait douter que, par émulation, étant en présence de M. Lapara, il ne mît en usage dans la défense, toutes les chi-canes que l'art enseigne.

L'investissement de la place était difficile, par la quantité de petites montagnes qui sont depuis le Pô jusqu'au Tanaro. On ouvrit la tranchée, la nuit du 24 au 25 septembre, devant le front du Rosaire. M. Lapara profita avec habileté, comme il l'a fait dans tous ses siéges, des avantages qu'offrait le terrain. Le travail qu'il entreprit la première nuit était considérable; une fausse alerte donnée par les ennemis obligea de le laisser imparfait; mais la nuit suivante le mal fut réparé, et le 26, le maréchal de Catinat écrivit au roi : « Nos attaques se déve-loppent fort bien.—M. Lapara mérite beaucoup de louanges, de son activité et de son intelligence. Les sieurs de Richerand, de Saint-Louis, Robert et Laberrie, sont quatre parfaitement bons brigadiers. Enfin, Sire, il me paraît que Votre Majesté sera bien servie, de ce qui regarde le ministère de MM. les ingénieurs. »

Goulon avait fait construire à la queue du glacis une lunette qui était palissadée, coupée son dans milieu par un retranchement et au saillant de laquelle étaient des fougasses. M. Lapara rendit tout cet appareil de défense inutile, en ouvrant une brèche près de l'angle d'épaule de cet ouvrage, et en se logeant sur la gorge, lorsqu'on y entra, la nuit du 3 au 4 octobre, neuvième du siége. La nuit du 6 au 7 avait été si claire que l'on n'avait pu travailler. Les ingénieurs tentèrent *le matin* un logement de contrescarpe sans succès, qui coûta 40 hommes. Des grenadiers, qui ne devaient faire autre chose que de soutenir le travail, poursuivirent les ennemis et allèrent jusqu'à une demi-lune où ils entrèrent par la gorge ; mais le feu de la place les contraignit à en sortir, comme ils purent, par le saillant. On prit le parti de cheminer à la sape pour gagner le chemin couvert. L'artillerie ouvrit dans le bastion de la droite une brèche, à laquelle on eût pu donner assaut très prochainement.

Tel était l'état du siége, lorsque le maréchal de Catinat fut informé, le 8 octobre, que l'empereur d'Allemagne et le roi d'Espagne reconnaissaient la neutralité d'Italie et consentaient à faire observer une suspension d'armes dans cette contrée jusqu'à la paix générale, qui devait l'année suivante se traiter à Riswick. Les Allemands évacuèrent Valence. M. Lapara vit Goulon, son ancien camarade, qui s'estima heureux que cette affaire se fût passée par accommodement ; car, si Valence eût subi la loi du plus fort, son altesse royale le duc de Savoie, contre qui Goulon ne devait pas, à ce qu'il paraît, servir, se proposait de le traiter durement.

M. Lapara renouvela vainement sa demande d'avancement. Il pria en même temps le ministre de représenter au roi, qu'il avait été obligé de faire une grande dépense, ayant sous ses ordres un corps nombreux d'ingénieurs français et étrangers. Il comparait sa position à celle de M. de Vauban qui avait reçu de grands bienfaits du roi, tandis qu'il avait à peine de quoi vivoter. Vauban avait reçu de Louis XIV, après le siége de Valenciennes, soixante-quinze mille livres ; après celui de

Luxembourg, trente mille ; après celui de Mons, cent mille livres. Il avait aussi reçu du roi l'abbaye de Brantôme. Louis XIV ne croyait point trop payer par tous ces dons les services immenses que Vauban rendait à la monarchie.

Les attaques de Valence n'obtinrent pas l'approbation de Vauban. Nous allons rapporter son opinion, en prévenant cependant, d'après lui-même, qu'elle n'est pas établie sur une connaissance exacte des lieux. Il commence par dire (1) que de la façon dont est le plan de la place qui a été envoyé, « on ne sait que juger de son fort ni de son faible. S'il faut s'en rapporter au plan, ils l'ont attaquée par le plus fort, à l'imitation du vieux siége où on s'y prit fort mal. » (On attaqua exactement par le même front en 1745, et le siége se termina le 30 octobre, après dix jours de tranchée). « Pour moi, si les raisons du terrain n'en eussent pas empêché, j'aurais attaqué par l'un des fronts qui aboutit au Pô. » Dans une seconde lettre, il développe davantage cette opinion, et termine en disant : « Je conjecture que les pentes du ravin qu'il faudrait traverser sont douces, car c'est sur cela que roule mon opinion. » Il y a en marge, de sa main : « En parler à M. le maréchal de Catinat. » Suivant M. Lapara, les ravins qui existent devant les fronts qui aboutissent au Pô, sont larges et profonds ; on ne saurait les combler, ni y conduire des cheminements pour les traverser. Ces deux fronts sont également réputés n'être pas attaquables dans les notices de l'Atlas cité, de Masse.

« Je trouve aussi leur attaque, disait Vauban, fort brodée et remplie de lignes inutiles, à quoi ils n'ont pu être contraints, étant encore fort éloignés de la ville. Leurs batteries n'enfilent rien. Toutes croisent sur le chemin de leur tranchée, et je n'y remarque aucun véritable dessein. J'y vois d'ailleurs une droite et une gauche qui s'écartent beaucoup du corps

---

(1) Lettre datée de Bazoche, du 12 octobre.

des attaques, à qui il aura bien pu arriver quelque scandale depuis le temps qu'ils vous ont envoyé ce plan, notamment sur la gauche. A vous parler franchement, je ne suis point content de ces attaques, et si les ennemis se savent prévaloir des nôtres, le siège pourra bien tirer de long. »

Ces craintes n'étaient pas fondées, et la suite des attaques arracha quelques éloges à M. de Vauban.

« Je vois par ce plan, et par la lettre de Lapara, que le ravelin ou redoute a été pris la nuit du 3 ou 4 de ce mois, c'est-à-dire le neuvième ou dixième jour de l'ouverture de la tranchée. *Ce n'est pas mal travaillé.* Mais je ne vois pas que les ennemis en aient défendu le chemin couvert, ni qu'ils se soient autrement mis en état de le soutenir. On m'a mandé, si je ne me trompe, que la garnison était de 6 à 7,000 hommes. Si cela est, il faut que ce soient de grands oisons de n'avoir pas fait plus, et de n'être pas tombés sur la droite de nos attaques par une sortie de 2,000 hommes, et de n'avoir pas encore rendu quelque visite à la gauche. Il faut avouer que le Goulon est un grand sot d'avoir laissé prendre sa redoute comme il a fait; vu que, dès qu'il s'est aperçu qu'on lui préparait une batterie, il n'avait qu'à préparer une fougasse de cinq à six barriques et les loger au bas du revêtement, sous la brèche, les couvrir de grosses pièces de bois et de pierres et les bien laisser enterrer par les ruines de ladite brèche ; puis, quand on l'aurait attaquée, la faire soutenir par 3 ou 4 compagnies de grenadiers, qui auraient là tenu ferme aisément, parce qu'ils auraient compté sur l'effet infaillible de cette fougasse, à laquelle il n'aurait fallu mettre le feu que quand le gros de nos troupes aurait été bien engagé dans la brèche, et du surplus défendre la pointe dans les règles ordinaires. Il aurait pu nous en faire une affaire très sanglante. »

« Pour revenir à la droite, je ne comprends pas comme quoi les ennemis l'ont laissée en repos. S'ils ne l'ont pas rasée et encloué tout le canon qui est là, il faut que ce soient les plus grands ânes du monde, des cœurs de chèvres et de brebis. »

« Ce que l'on a fait jusqu'au 4 est bien quelque chose, mais il n'y a pas encore là de quoi s'en faire une grande fête, puisque la redoute qui a été prise est un avant-dehors fort détaché de la place, qui n'a pas été soutenu, et puis c'est tout. »

Le maréchal de Vauban était vif et sévère. Dans la même lettre où il blâme les attaques de M. Lapara, il témoigne une telle indignation de deux actions où notre cavalerie s'était laissée battre, que, selon son jugement, les coupables qui en ont été mériteraient d'être décimés, et ceux sur qui le sort tomberait, envoyés aux galères. C'est une infamie qu'un général ne doit pas souffrir, disait-il.

SIÉGE DE BARCELONE.

(1697).

Le siége de la capitale de la Catalogne, en 1697, par une armée française peu nombreuse, et sans communication par terre avec la France, était une entreprise hardie. Ferry, directeur des fortifications, qui assista à ce siége, et qui en a écrit une relation intéressante, le représente comme un coup de parti, qu'en désespoir de cause, Louis XIV tenta pour contraindre l'Espagne à accepter la paix qu'il lui offrait vainement à des conditions avantageuses à Riswick (1). Masse dit que ce

(1) La relation de Ferry est anonyme. Les dépôts de la guerre et des fortifications n'en possèdent que des copies. En rapprochant différents passages de cette relation, où l'auteur parle tantôt de lui, tantôt de Ferry nominativement, des faits connus de la carrière du directeur des fortifications de La Rochelle, il ne peut rester aucun doute qu'elle ne doive lui être attribuée.

Ferry avait, en 1697, supplié M. de Vauban, pour l'amour de Dieu, de lui procurer de servir à un siége sous ses ordres. M. de Vauban l'avait fait venir à celui d'Ath, en qualité de volontaire, et l'avait employé comme aide de camp. Il l'avait chargé de placer le canon sur le chemin couvert, et de diriger le tir des batteries de brèche. Le siége finit le 5 juin. Ferry, entré comme otage dans la place pendant la capitulation, fut ensuite envoyé auprès du roi pour lui rendre compte du siége. Sa majesté le fit partir en poste pour Barcelone, et lui témoigna la crainte qu'il n'arrivât trop tard.

Ferry, directeur des fortifications, avait de la réputation pour les travaux maritimes. En 1689, il avait fait fortifier La Rochelle d'après ses plans. En 1694, il fit exécuter, à l'embouchure de l'Adour, des travaux provisoires qui eurent un grand succès. La même année, il fit la campagne de Catalogne, comme brigadier-surnuméraire, sous les ordres de M. Lapara. Les ingénieurs qui commandaient les brigades étaient plus anciens, ou avaient plus de service de guerre que lui; ce qui faisait autrefois une différence.

M. Allent ne paraît pas avoir connu la relation de Ferry. Il ne cite que celle fut un trait de politique convenu avec les autres puissances, pour amener à jubé cette orgueilleuse nation (1).

L'armée française, commandée par M. de Vendosme, comptait 41 bataillons d'infanterie, un de miquelets, un de royale artillerie, une compagnie de mineurs et 55 escadrons de cavalerie, dont 20 de dragons, faisant en tout 28,000 hommes, savoir : 22,000 hommes d'infanterie et 6,000 de cavalerie. Elle passa le défilé de Moncade le 5 juin, campa à Badalone, sur la rive gauche du Bésos, à deux lieues de Barcelone (2), et ne conserva plus ensuite aucune communication avec la France que par mer. Une escadre composée de 9 vaisseaux, une frégate, une flûte, 3 galiotes à bombes et 30 galères, arriva à la même époque à l'embouchure du Bésos, et débarqua, aussitôt que l'état de la mer le permit, un équipage de siége consistant en 34 pièces de 24, 12 de 16, 10 mortiers de 12 pouces et 23 autres ; total 79 bouches à feu. Elle y joignit plus tard 8 pièces de 24 de son armement et les mortiers des galiotes. Elle mit aussi à terre 100 gardes marines, une compagnie des gardes de l'étendard, 800 hommes des vaisseaux qui formèrent un bataillon, et 2,500 des galères qui en formèrent 5 ; le premier, sous le nom de bataillon des vaisseaux, les autres, sous celui de bataillons des galères. Elle resta mouillée pendant tout le temps du siége, à une lieue et demie au nord-

---

de Péne de Vaubonnet, qui a pour titre : *Relation des actions les plus remarquables du siége*. Péne, ingénieur, chargé des plans et cartes du roi à Paris, était au siége.

(1) Masse n'était pas au siége de Barcelone. Il en a écrit de mémoire un récit, en 1715, d'après le journal de Ferry, dont il dit avoir égaré la copie. Ce récit est en grande partie sous forme de légende qui se rapporte à un plan. Il a soin de prévenir qu'il peut y avoir des fautes.

(2) Le défilé de Moncade est un des trois défilés de la plaine de Barcelone ; le deuxième est celui de Mongat, le long de la mer, en venant de Mataro ; le troisième est celui du pont de Molins-de-Rey sur le Llobrégat, auquel aboutissent plusieurs routes.

est de Barcelonne, sous le commandement de l'amiral d'Estrées. Enfin elle fournit aussi des canonniers pour le service
des batteries du chemin couvert.

Toutes les forces que le vice-roi de Catalogne, don Velas-
co, put rassembler, ne montaient pas à plus de 17,000 hommes. Il mit dans Barcelone une garnison de 12,000 hommes,
savoir : 6,000 hommes d'infanterie espagnole, 4,600 d'infanterie allemande, et 1,200 hommes de cavalerie. Le gouverneur,
M. de la Corsana, arma en outre 4 à 6,000 bourgeois qui pri-
rent part à la défense. Partie de la garnison était dans Barcelone, partie au dehors, entre la place et le fort Mont-Jouy, qui
en est à 1,200 mètres, sur le sommet d'une montagne élevée
de 180 mètres au-dessus de la mer. Le vice-roi répartit les
5,000 hommes qui lui restaient en deux corps, dont l'un,
presque entièrement de cavalerie, au nombre de 2,000 chevaux, campa sous ses ordres, sur les bords du Llobrégat, et
communiquait avec la garnison ; et l'autre était dans les montagnes au-dessus de Sarria (1), sous les ordres de don Otasso,
qui rallia en outre 5,000 paysans ou Somatens, que l'on appe-
lait *Soumetans*, et qui lui furent de peu d'utilité.

Ce que l'on regarde comme ayant fait la principale difficulté du siége, est de n'avoir pu couper la communication de la
garnison avec le camp volant du vice-roi. La circonvallation
de Barcelone seul serait déjà très grande, mais elle est encore augmentée par la hauteur de Mont-Jouy, qu'il est nécessaire d'y comprendre. L'armée assiégeante n'était pas assez
nombreuse pour circonvaller l'une et l'autre.

Pendant que l'on était à Badalone, on agita la question de
savoir si l'on attaquerait d'abord la ville ou le Mont-Jouy le
premier. Une lettre de l'intendant d'Esgrigny, du 27 juillet,
nous apprend que le sentiment de M. de Vendosme était pour

---

(1) Voir la jolie carte des environs de Barcelone, qui est jointe aux mémoires du colonel Laffaille.

commencer par le Mont-Jouy, mais qu'il se rendît à la pluralité
des voix , qui , sur le bruit de l'arrivée d'une flotte ennemie
que l'amiral d'Estrées publiait comme sûre à n'en pas douter ,
décidèrent qu'on devait attaquer la ville la première. Voici le
raisonnement du conseil de guerre qui aurait été tenu sur cela :
« Si , par une force supérieure , notre flotte était obligée de
nous abandonner avant la prise de la ville , celle du Mont-Jouy
nous deviendrait inutile , et nous nous trouverions embarras-
sés des munitions de guerre et de bouche de notre débarquement. Au lieu que , la ville prise, nous y pourrons faire nos
dépôts pour ensuite attaquer le Mont-Jouy comme il nous plai-
ra , qui , se trouvant en ce temps-là sans secours , ne devra
durer que peu de temps.» Le revers de ce raisonnement, dit
d'Esgrigny, est que le Mont-Jouy pris , qui , lors de notre arrivée était dans le plus mauvais état qui se puisse dire , et ne
devait au plus durer que dix jours , nous donnait un grand
avantage pour l'attaque de la ville , dont les fortifications, du
côté du Mont-Jouy, sont très imparfaites. Il est du moins constant, qu'après la prise du Mont-Jouy, nous aurions pu investir
complétement la ville , dans laquelle il manquait une infinité
de munitions qu'elle reçut pendant le siége. »

Quoi qu'il en soit, M. de Vendosme écrivit au roi, le 7 juin (1),
qu'il avait résolu d'attaquer d'abord la ville toute seule par plusieurs bonnes raisons : « La première, disait-il, est qu'il y a une
communication, le long de la mer du Mont-Jouy à la ville, que
nous n'aurions jamais pu couper, et par conséquent ce siége
aurait pu durer longtemps, puisque des gens qui ont leur retraite sûre attendent à l'extrémité sans rien risquer ; outre
cela, des troupes, qui sont rafraîchies à tout moment, font un
fort gros feu et tuent beaucoup de monde. La seconde raison

(1) Lettre de M. de Vendosme au roi. Ferry, qui n'était pas au commencement du siége, place au 13 juin l'époque où M. de Vendosme prit la résolution d'attaquer d'abord la ville. Il était mal informé sur ce point.

est qu'après avoir pris le Mont-Jouy, il faut encore prendre la ville, et la ville une fois prise, le Mont-Jouy est si petit, que nous n'aurons qu'à le laisser, et il tombera de lui-même. Je dirai encore de plus, que quoiqu'il n'y ait point d'apparence qu'il vienne une flotte ennemie, cependant si par malheur cela arrivait, la ville étant une fois prise, elle ne nous apporterait nul obstacle, et cela serait bien différent, si elle arrivait dans le temps que nous serions encore attachés au Mont-Jouy. » M. de Vendosme terminait sa lettre au roi, en lui disant que l'entreprise était toute des plus grosses et des plus difficiles, par rapport à la force de l'armée.

Ainsi, on voit que la détermination d'attaquer d'abord la ville fut prise sans avoir égard à l'état des fortifications du fort Mont-Jouy, qu'on ne reconnut qu'après la prise de la place. Elles étaient imparfaites, mais il eût été difficile de s'en assurer du dehors, parce que les chemins couverts, qui occupent bien tout le sommet de la hauteur, étaient faits.

M. de Vendosme annonçait en même temps au roi, que ses vapeurs et tournoiements de tête, qui l'empêchaient de se tenir debout, avaient un peu diminué. Cette fâcheuse indisposition, à laquelle ce prince était sujet à l'âge de 43 ans, ne cessa entièrement que vers la fin de juillet. Elle ne l'empêchait pas de commander l'armée, de montrer de l'énergie et d'inspirer aux troupes la confiance qu'il avait dans le succès de l'entreprise dont il était chargé, mais elle ne lui permit de visiter la tranchée qu'un petit nombre de fois que nous citerons, et le livra aux conseils des uns et des autres, ce qui eut de graves inconvénients.

Le 12, l'armée quitta le camp de Badalone, passa le Bésos et prit position autour de la place, à 2,600 mètres environ de distance, appuyant sa gauche à la mer et s'étendant par sa droite, autant que sa force numérique le permettait. Il resta entre cette droite et la côte sud-ouest un intervalle d'une lieue de largeur, dégarni de troupes. L'armée éleva des redoutes et fit quelques bouts de ligne de circonvallation, pour assurer ses camps contre les entreprises de don Otasso.

Le corps des officiers d'artillerie était commandé par M. Dandigné, lieutenant d'artillerie et brigadier d'infanterie. Il avait sous ses ordres, indépendamment du bataillon de Royal-Artillerie, trente commissaires partagés en trois brigades.

M. Lapara avait pour aides ou seconds, sous le titre de brigadiers supernuméraires, Ferry, directeur des places de Guyenne et d'Aunis, et Esprit, directeur des places de Bretagne. Il avait sous ses ordres six brigades d'ingénieurs, dont chaque jour il en montait deux. Chacune était de 7 à 8 ingénieurs, y compris les brigadiers qui étaient Rousselot, Saint-Louis, Noblesse, Robert, Laberrie et Tardif (1).

On sait par une lettre de Ferry, adressée à M. Le Peletier, qu'il arriva devant Barcelone sept jours après l'ouverture de la tranchée. Croyant que le siége finirait bientôt, il renonça d'abord à en tenir un journal ; ce n'est que sur la fin qu'il s'y remit, en forme de mémoire, sans reprendre le fil des jours de tranchée des officiers généraux et des ingénieurs. On lui doit la relation anonyme dont nous avons déjà fait mention, qui est un morceau historique remarquable, mais empreint de trop d'animosité contre l'artillerie.

Esprit, homme entendu et bien nommé, dit Ferry, était capitaine de la compagnie de mineurs. Il venait de Pignerol, où il avait acquis, à la démolition de cette place, une grande habileté à connaître la force de la poudre. On a de lui quelques lettres sur le siége. C'était un usage, à cette époque, que plusieurs personnes du même service à une armée, entretinssent des correspondances avec les ministres.

---

(1) M. Allent nomme Dubosc en place de Laberrie, et le fait venir du siége d'Ath ; c'est une erreur. Dubosc mourut d'une blessure reçue au siége d'Ath, et Laberrie, d'une blessure reçue à celui de Barcelone.

Les fortifications de Barcelone consistaient, sur les fronts de terre, dans une ancienne enceinte revêtue et terrassée, servant de retranchement à des bastions nouvellement construits qui en couvraient les saillants. Indépendamment de ce retranchement qu'on ne pouvait forcer que par la mine ou avec le canon, les assiégés en élevèrent d'autres pendant le siège dans les bastions d'attaque. Le polygone de Barcelone peut se réduire à six côtés de longueurs inégales : le premier, de 1000 mètres de longueur, regardant le nord-est, sur lequel a été bâtie la citadelle, en 1716, et qui s'appuie à la mer ; le deuxième, de 310 mètres de longueur, du saillant du bastion de la porte Neuve, n° 1, au saillant du bastion San-Pedro, n° 2, ce fut le front d'attaque ; le troisième côté, qui fait un angle très obtus avec le précédent, n'a pas moins de 1200 mètres de longueur, savoir : 400 mètres du bastion de San-Pédro au bastion de Junqueras, n° 3, et 800 mètres du bastion de Junqueras au bastion de Hostallers. Entre ces des deux bastions, sont ceux de la porte de l'Ange et de Canaletas, dans un grand rentrant. Le deuxième et le troisième côté n'en forment, à bien dire, qu'un seul, ce qu'il faut remarquer. Le quatrième côté a 940 mètres de longueur du bastion de Hostallers au bastion Saint-Antoine ; le cinquième côté, de 1200 mètres de longueur, regarde le Mont-Jouy ; enfin, le sixième, celui de la mer, a 1800 mètres de front.

Le bastion de la porte Neuve, 1, était revêtu en maçonnerie ; les bastions 2 et 3 étaient revêtus dans le bas en maçonnerie, et au-dessus de la maçonnerie en une espèce de placage particulier au pays et appelé *giron* (1). Les fossés avaient neuf

---

(1) On a reconnu pendant le siège que ce placage était presque aussi difficile à abattre que la maçonnerie, et l'on s'en est servi, après la prise de la place, pour la réparation des brèches. Il consiste en un mortier de chaux et de sable, qui se lie avec les terres contre lesquelles on l'applique sur une épaisseur de seize centimètres. Quand il est bien fait, et que la hauteur

pieds de profondeur devant les bastions, et cinq seulement devant la courtine. Il n'y avait d'autre dehors sur le front d'attaque, qu'un chemin couvert composé de longues branches et d'une place d'armes devant la courtine. Ce chemin couvert était palissadé et muni de traverses, et très rasant. Sa crête ne s'élevait que de quatre pieds et demi au-dessus du terre-plein qui avait cinq toises de largeur. Mais à cinq pieds de la palissade, il y avait une tranchée d'un pied et demi de profondeur où les défenseurs pouvaient être à couvert. On voit qu'il n'était pas achevé. Il avait peu de relief devant la courtine, dont on voyait les maçonneries de la campagne.

Le terrain en avant est une plaine découverte, qui va en montant insensiblement, d'un mètre sur soixante de base, jusqu'aux montagnes qui sont à une bonne lieue de la place. Il est coupé par des ravins ou chemins creux dirigés la plupart vers les glacis. Quelques-uns furent transformés en communications pour la tranchée. Les plus voisins de la place servirent aux assiégés à cacher les sorties qu'ils firent. La pente montante du terrain, qui fait qu'on voit la ville de haut, jointe à la grandeur du front qu'elle présente, a trompé les yeux de tout le monde, et causé une erreur, effet de l'habitude où nous sommes de juger de l'éloignement des objets par l'angle optique qu'ils soutendent. « Mais comme il y avait peu de gens dans cette armée, dit Ferry, qui eussent les yeux géométriques ou que ceux qui les avaient trouvaient peu de créance dans les généraux en ce qu'il s'agissait de les désabuser d'un préjugé qui les flattait, on fut toujours, non-seulement avant l'ouverture de la tranchée, mais pendant tout le siége, la dupe des distances et du véritable éloignement des

---

n'est pas considérable, il soutient parfaitement les terres, sur un talus au quart, et présente un parement uni comme une glace, dans lequel le boulet ne fait que son trou. (*Mém.* de M. Robert, brigadier, qui se distingua pendant le siège.)

ouvrages des ennemis, croyant en être beaucoup plus près qu'on ne l'était effectivement. »

M. de Vauban écrivait d'Ath au ministre Barbésieux (1) : « L'entreprise de Barcelone me fait peur ; car bien que Barcelone soit la plus mauvaise place du monde, elle sera trop bonne pour l'armée qui l'assiége, si ceux qui sont dedans savent faire usage de leurs forces. » Dans une autre lettre écrite de la citadelle de Lille, et qui roule sur les camps retranchés à la vieille mode, que Vauban considérait comme étant présentement le salut des places, et dont il dit qu'il est aussi entêté que Mesgrigny l'est de la fontaine de Saint-Amand, on lit le passage suivant : « En voilà un que M. le prince d'Orange fait sous Bruxelles, dont nous entendrons parler, et qui nous sera à l'avenir, aussi bien que celui de Liége, d'Heilbron, Namur, il me prend envie de dire, Barcelone, un *non plus ultra*. Il y a longtemps que je m'aperçois que nous levons tous les lièvres et que les ennemis les prennent (2). »

M. Lapara était loin, par les mêmes raisons, de se dissimuler les difficultés du siége de Barcelone. Il écrivit, le 10 juin, au ministre, qu'on serait obligé de camper tous ensemble (ce qu'on ne fit pas) et de retrancher des postes. « Vous avez, Monseigneur, lui disait-il, plus de pénétration qu'il n'en faut pour entrevoir que la besogne que nous avons à faire n'est pas aisée. »

Le 13, on s'empara de quelques cassines assez près de la place sans y trouver de résistance. M. Lapara fit travailler à force à rectifier son plan, et à y marquer les nouveaux ouvrages construits depuis 1694, et dont nous avons fait mention. L'après-midi, il fit jeter 400 hommes dans un grand couvent

---

(1) Lettre du 23 juin. Collection Rosanbo.

(2) Lettre du 31 juillet. Même collection. Le Mont-Jouy donnait en effet à Barcelone tout l'appui d'un camp retranché.

de capucins, situé à peu près sur le prolongement de la capitale du bastion 3, à environ 1000 mètres de son saillant. Mais la
distance fut jugée moindre. Les ennemis tirèrent sur les cassines occupées et sur les Capucins. « Leurs gardes du dehors,
écrivait Esprit, reculent à mesure que nous allons en avant.
On ne sait que juger par leur manœuvre, s'ils sont étourdis de
nous voir ou s'ils sont occupés à se disposer au dedans à une
bonne défense ; mais on n'a jamais vu tant de tranquillité et si
peu de contenance et de démonstration de gens de guerre. »
Telles étaient les premières apparences de ce siége. Le même
jour on mit à sec le canal de Moncade, qui est dérivé du Bésos,
et qui alimente une partie des fontaines de la ville. Il est dé-
signé par le nom de *Bialière*, ruisseau (1), sur les plans. Dirigé du nord au sud, il pénètre dans le fossé de la place, vis-
à-vis le saillant du bastion 1, par une voûte qui passe sous le
glacis.

Le couvent de capucins qu'on avait occupé était vaste ; on
pouvait y arriver à couvert des vues de la place, par des chemins creux. Ces avantages déterminèrent M. Lapara à y faire
l'ouverture de la tranchée. « Il compte de faire ses attaques
(Lettre citée d'Esprit), par le front de la ville opposé à la mer
qui regarde une hauteur qui descend de la montagne et où il
y a des chemins creux et ravines favorables pour les approches. » Il paraît par les travaux des premières nuits que
M. Lapara avait le projet de se diriger vers les bastions 2 et 3 ;
mais il s'aperçut bientôt des difficultés que présenterait l'at-

---

(1) Ce nom de Bialière paraît emprunté du piémontais. Feuquière dit
que le pays qui est entre les deux Doires est coupé des rivières d'Orco
et de Sture, et de plusieurs grandes *Biallaires*, qui sont les eaux tirées
des rivières dans des canaux faits de main d'homme, pour distribuer
l'eau dans les rivières et prairies (Mémoire manuscrit). Le vrai nom piémontais serait *Bealera*, qui signifie un cours d'eau, sur lequel il y a des
prises d'eau pour l'objet indiqué par Feuquière.

taque de ce front appartenant à une longue ligne droite ; il se rejeta alors à gauche pour atteindre le front 1-2, sans échapper entièrement aux inconvénients qu'il avait voulu éviter. D'après une lettre de M. de Vendosme, un officier portugais, venu des ennemis, montra à MM. Lapara et Rousselot, au camp de Badalone, l'attaque qu'il croyait la meilleure, et dont ils convinrent. On ne devait toutefois se décider pour cette attaque, qu'après avoir bien reconnu la place.

1re NUIT.
Du 15 au 16 juin.

On ouvrit la tranchée aux Capucins. On fit environ mille toises de communications, et l'on accommoda en outre pour cet usage plusieurs ravins.

La tranchée fut montée, cette nuit et les suivantes, pendant plusieurs jours, par 8 bataillons, 6 compagnies de grenadiers, 300 dragons et 20 gardes marines.

2e NUIT.
Du 16 au 17.

On s'empara d'un couvent de cordeliers dit le Jésus, situé à 600 mètres à droite des Capucins, mais moins éloigné de la place, et on y appuya la droite de l'attaque.

L'artillerie commença deux batteries de canons, l'une pour 10 pièces, l'autre pour 15, et une batterie pour 5 mortiers. Ces batteries furent en état de tirer le 18.

3e NUIT.
Du 17 au 18.

Continuation des travaux précédents.

4e NUIT.
Du 18 au 19.

Les ennemis firent un grand feu d'artillerie ; mais, par la précaution qu'on avait prise de mettre des sentinelles pour avertir, très peu de soldats furent blessés. A dix heures et demie du soir, ils tentèrent deux sorties, l'une sur la droite, l'autre sur la gauche des attaques. Dans l'une et l'autre, ils furent repoussés avec perte.

Le 19, pendant le jour, 50 hommes de la place gagnèrent, en se glissant le long d'un chemin creux, une cassine située sur la rive droite du canal de Moncade, d'où ils prenaient de revers la gauche de nos cheminements. M. Lapara répara sur-le-champ la faute qu'il avait commise de ne pas étendre suffisamment sa gauche. Il reconnut la cassine et en dirigea l'attaque la nuit suivante.

5e NUIT.
Du 19 au 20.

On investit la cassine, et on se saisit du pont du canal, sur le chemin de Barcelone à Horta. 30 maîtres, qui avaient passé ce pont pour soutenir la cassine, plièrent, après avoir essuyé une décharge de nos troupes, et furent complétement défaits. On força ensuite la cassine, et on prolongea la première parallèle jusqu'au canal et le long d'un coude qu'il forme en cet endroit.

Informé de la part que M. Lapara avait prise à cette attaque, le ministre Barbésieux lui écrivit, le 30 juin, la lettre suivante :

« Je ne saurais m'empêcher de vous dire que par tout ce que Sa Majesté apprend, vous vous exposez très souvent dans des occasions où votre présence n'est pas nécessaire. Vous ne devez vous exposer que lorsque vous ne pouvez vous en dispenser. Je vous prie de profiter de l'avis que je vous donne. »

M Lapara répondit, le 15 juillet : « Je ne me suis point exposé qu'aux endroits où il a été absolument nécessaire que je me portasse. Le soir que nous forçâmes les ennemis dans la maison où ils s'étaient retranchés pour nous voir de revers dans nos tranchées, comme j'étais le seul qui avais reconnu ce poste, si je n'avais pas marché à la tête de tout, nous n'aurions assurément pas réussi. »

A dater de cette époque, l'attaque se conduisit contre le front 1—2.

On avait eu, depuis le 15, 119 hommes tués et 151 blessés, dont 14 officiers.

6e NUIT.
Du 20 au 21.

Continuation des cheminements et seconde parallèle. Le feu de mousqueterie de la place est toujours très lent et celui de canon très vif.

Le 21 juin, M. de Vendosme écrivit au roi :

« Je croirais manquer à mon devoir, si je n'informais Votre Majesté que Lapara a conduit tout ceci avec toute la capacité et le courage possibles ; et si la chose réussit, comme je l'espère, ses soins et sa vigilance y auront entièrement contribué. Je fais tous les jours ce que je peux pour l'obliger de se ménager, et je ne puis en venir à bout, par le trop de zèle qu'il a pour le service de Votre Majesté. Il est fort content de tous les ingénieurs, et surtout les sieurs Noblesse et Robert ont très utilement servi la dernière nuit. » Toutes les lettres de M. de Vendosme sont de sa main.

Son altesse annonçait en même temps que les 25 pièces qu'on avait mises en batterie avaient produit peu d'effet, l'ennemi ayant un grand front qui lui permettait de changer de place son artillerie, selon que nos embrasures étaient tournées.

7e ET 8e NUITS.
Du 21 au 23.

Il plut pendant ces deux nuits. On commença néanmoins une troisième batterie de canons, qu'on estimait être à 120 toises du front d'attaque, et qui devait contre-battre les feux des bastions 2 et 3. Derrière était une batterie de 16 mortiers.

9e NUIT.
Du 23 au 24.

On tira un boyau de la gauche de la batterie au canal.

Les ennemis poussèrent de leur chemin couvert une ligne de contre-approche, vers un pont sur le canal, à la queue du glacis. A deux heures du matin, ils firent à la gauche une sortie considérable d'infanterie et de cavalerie, qui leur réussit aussi mal que les précédentes. Ils eurent 72 hommes de tués sur place ; on évalua le nombre de leurs blessés à 160. On leur fit en outre 17 prisonniers, la plupart blessés, et dont 8 officiers. M. de Vendosme dit dans sa correspondance que, quand le jour fut venu, M. Lapara leur proposa une trève qu'ils acceptèrent, pour enlever leurs morts, ce qui lui donna le temps d'examiner à son aise, avec tous les ingénieurs, le terrain jusqu'au chemin couvert. Quincy rapporte qu'il parut pour cet effet avec un sponton à la main, comme s'il eût été un officier commandé.

M. Dandigné écrivait, le 24 :

« Je travaillerai demain à la quatrième batterie de canons (1), qui ne sera que de 6 pièces, pour rompre les défenses du bastion de la porte Neuve et du parapet de la courtine. Toutes ces batteries-là ne décident encore rien, parce qu'elles sont trop éloignées pour battre en brèche.

« Nous avons aujourd'hui reconnu, M. Lapara et moi, le plus beau lieu du monde pour mettre 30 ou 40 pièces de canon en batterie, pour battre le bastion de la gauche et la courtine. Je ne crois pas que cela soit à plus de 60 toises du bastion. »

Cette batterie eut l'inconvénient d'être au centre des attaques, et de faire essuyer à la tranchée tous les feux de l'artillerie de la place qui la combattait. On retira, pour l'armer, une partie des pièces des 3e et 4e batteries, qu'elle masquait.

---

(1) Cette batterie peut être considérée comme n'en faisant qu'une de 18 pièces avec la troisième.

10e NUIT.
Du 24 au 25.

Il fit cette nuit un orage si horrible, pour la quatrième fois depuis le commencement du siége, qu'il ne fut pas possible d'armer la troisième batterie.

11e NUIT.
Du 25 au 26.

Continuation des cheminements et construction d'une batterie pour trois pièces, derrière le coude de la Bialière.

Le 26, à cinq heures du matin, comme M. Lapara visitait la tête du travail de la nuit, un coup de canon lui coupa la forme de son chapeau rasibus au cordon, fit sauter sa perruque et lui fit une si grande contusion à la tête, qu'il en fut un demi-quart d'heure évanoui. La tête, qui lui enfla dans le moment, revint en son état après plusieurs saignées. Il lui était arrivé tout ce qu'il se pouvait de plus favorable ; car, la contusion n'ayant fait aucune autre impression, en dedans de la tête, que d'y causer un ébranlement considérable, il ne cessa pas de diriger les attaques ; mais, affaibli par les saignées, il resta dix-huit jours sans pouvoir aller à la tranchée. Le 12 juillet, il commença à s'y faire porter (1) ; et d'après la relation de Ferry, il n'y alla que quatre fois dans le mois de juillet. Or, ce n'est pas du camp, dit Vauban, que l'on prend les places, il faut les voir de près et en bien rechercher les défauts ; ce qui ne se fait qu'en se portant sur les lieux. Un accident aussi funeste eut de fâcheuses conséquences. Nous ne pouvons croire cependant qu'elles aient été telles, que la tranchée se conduisait à l'aventure, comme le dit l'auteur de la relation anonyme ; que celui qui la dirigeait l'indiquait d'une manière vague, et que celui qui l'exécutait en faisait ce qu'il

---

(1) Toutes les copies de la relation de Ferry disent le 22, mais c'est une erreur ; M. Lapara dit, dans une lettre du 15 juillet, « Il y a trois jours que je me fis porter à la tranchée, etc. »

voulait ; ce qui aurait produit beaucoup de lignes inutiles.
L'auteur s'accuserait lui-même, accuserait les six brigadiers,
qui tous avaient de l'expérience et de la réputation. Il convient néanmoins que la multitude de lignes que présente le
plan, servit bien, parce que les ennemis ne sachant comment faire pour les traverser, furent plus retenus dans leurs
sorties.

Du 20 au 26, on eut 132 hommes tués et 127 blessés, dont
20 officiers. Toutes ces pertes étaient causées par l'artillerie
ennemie qui était bien servie.

12e NUIT.
Du 26 au 27.

On attaqua, sur le dispositif que M. Lapara avait fait le
matin, le pont sur le canal, à la queue du glacis, où les ennemis se retranchaient depuis trois jours. Après les en avoir
chassés, avec perte de leur côté, de 150 hommes tués ou blessés, on y fit un logement. Les troupes qui furent employées
à cette attaque, franchirent deux ravins pour arriver au pont.

Esprit alla avec deux mineurs reconnaître l'aqueduc du canal, pour voir si l'on n'aurait point pu se pousser par là dans
le fossé, mais il le trouva crevé et rempli de terre.

Il rendit compte au ministre de la blessure de M. Lapara,
et annonça que, la nuit prochaine, à la droite, on se logerait
sur un rideau, au long duquel les ennemis prenaient des revers
sur nos attaques, en s'avançant dans la campagne à la faveur
des ravins ou chemins creux, qui avaient des communications
avec leur chemin couvert.

« Ce siége, disait-il, se trouve, par toutes ces chicanes,
plus difficile que l'on n'avait prévu ; et le mauvais temps qu.
nous tourmente beaucoup, rend de jour à autre les tranchées
presque impraticables, et empêche absolument les mouvements d'artillerie. » Il ajoutait : « L'action de cette nuit, avec
quelques précédentes dans lesquelles on a toujours poussé et
battu les ennemis, nous confirme qu'ils ne tiendront pas avec

nous au coup de main, lorsqu'on attaquera le chemin couvert.

13e ET 14e NUITS.
Du 27 au 29.

On fit une place d'armes pour soutenir la batterie dont on
avait reconnu l'emplacement le 24, et à laquelle on travaillait.

M. Dandigné écrivit, le 29 :

« J'ai fini aujourd'hui une batterie de 20 pièces de canon,
qui doit tirer demain. Quoiqu'elle soit encore à 80 toises de la
place, je ne laisse pas de croire que je ferai brèche dans 2 ou
3 jours dans la courtine. Si je voyais que la muraille fût bonne,
je rapprocherais mes pièces, quoique je perdisse l'avantage
d'une hauteur dans laquelle la batterie est placée.

« Nous avons eu 4 commissaires de tués, 2 de blessés, et
plus de 40 canonniers hors de combat. Cela n'est pas extra-
ordinaire, vu que nous attaquons un front qui a plus de 600
toises de long, et que nous ne saurions empêcher les ennemis
de mettre en batterie sur notre droite du canon qui nous bat
en écharpe, à moins que d'avoir un nombre considérable de
canons à leur opposer.

« Nous avons une pièce de crevée, deux d'éventées, une
qui a été mise hors de service, et un mortier de 12 pouces
aussi crevé. »

Nous croyons devoir placer vers cette époque la construction
d'une batterie de 4 pièces, à l'extrémité de la seconde parallèle, du côté du Jésus, et celle d'une batterie de 2 pièces et
3 mortiers, à l'extrémité opposée; elles sont marquées sur les
plans du siége.

15e NUIT.
Du 29 au 30.

La nouvelle batterie étant achevée, on y conduisit 27 pièces
de 24, dont 15 furent tournées contre la courtine, pour y faire
brèche, et 12 contre la face du demi-bastion de la gauche,

pour en ruiner les défenses. Au jour, une partie de ces pièces purent tirer. On commença à cette époque à cheminer à la demi-sape ou sape volante.

16ᵉ NUIT.
Du 30 juin au 1ᵉʳ juillet.

Cheminements sur les capitales des deux bastions, et sur la capitale de la place d'armes rentrante.

17ᵉ NUIT.
Du 1ᵉʳ au 2 juillet.

Continuation des cheminements. Les ennemis commencent à faire toutes les nuits un grand feu de mousqueterie et de bombes. Malgré ce feu, les travaux avancèrent, mais on eut 60 hommes tués ou blessés.

18ᵉ ET 19ᵉ NUITS.
Du 2 au 4.

Construction de la troisième parallèle. D'après un journal du siége, tenu par l'aide-major général de l'armée, les têtes des cheminements se trouvaient alors à des distances inégales des saillants du chemin couvert, à 12 ou 15 toises du saillant de la gauche et à 20 ou 25 de celui de la droite. Cette différence n'est pas exprimée sur les plans envoyés par M. Lapara.

Le 4, M. de Vendosme se fit porter pour la première fois à la tranchée. Jusque-là ses vapeurs l'avaient empêché d'y paraître. Tous les officiers généraux ayant vu que les ennemis ne tenaient pas devant les troupes du roi, dans les sorties, pensaient qu'ils ne résisteraient pas à un coup de main. Ils pressaient pour qu'on attaquât le chemin couvert. Un des officiers généraux qui se sont le plus distingués pendant le siége, M. de Barbesière, ne pouvait pas se résoudre à attendre que la parallèle de laquelle on devait partir pour cette attaque fût achevée. Soit effet de la précipitation qu'on voulait y mettre, soit erreur de la part des ingénieurs, qui ne se tinrent pas assez en garde contre la disposition où l'on est de juger toujours les ouvrages des ennemis plus près qu'ils ne sont, cette parallèle fut tracée à une trop grande distance des angles du chemin couvert, et ne les embrassait pas. Le plan ne représente ni batterie ni cavalier de tranchée, sur le prolongement des longues branches qu'on devait attaquer. La blessure de M. Lapara ne lui permettant pas de se faire une idée véritable de la tranchée, il paraît qu'il aurait assemblé le corps des ingénieurs, dans lequel il y avait alors peu d'union. « Les plus sages, dit Ferry, n'avaient pas plus tôt fait convenir les autres d'un avis commun, que quand ils étaient en présence des généraux, chacun faisait sa proposition à part, soit pour se faire valoir, soit par faiblesse ou par condescendance à l'opinion des généraux. Bref, cette pétaudière (1) fit qu'on prit un mauvais parti, *à quoi il faut dire que M. Lapara ne se rendit que par force.* » On résolut d'insulter le chemin couvert. Le dispositif de cette grande opération se fit le soir du 4 au 5 juillet, du jeudi au vendredi, chez M. Lapara, où se trouvait le grand prieur avec plusieurs autres officiers généraux.

20ᵉ NUIT.
Du 4 au 5.

24 compagnies de grenadiers furent rangées dans la troisième parallèle, chacune devant les points du chemin couvert qu'elle devait attaquer. Quatre compagnies, deux à chaque aile, devaient donner, près des saillants, sur les branches des demi-fronts contigus au front d'attaque, pour couper la retraite aux ennemis.

800 travailleurs devaient être rendus aux Capucins, à cinq heures, 400 pour la droite sous Noblesse, et 400 pour la gauche sous Robert.

---

(1) « A la distance d'un siècle et d'une révolution sociale, les indiscrétions et les médisances n'ont aucun danger, et elles renferment souvent une portion de vérité, qui n'est plus que de l'instruction sans scandale. » Villemain, *Cours de littérature.* Paris, 1838.

Aussitôt que les grenadiers auraient franchi la parallèle, leur place devait être occupée par trois détachements, chacun de 200 hommes commandés par des colonels. Enfin, 200 dragons étaient postés dans un crochet au bout de la droite de la parallèle.

Tous les mortiers tirèrent d'abord en signal d'avertissement ; puis, au signal de quatre bombes, les troupes s'ébranlèrent entre une heure et minuit. Les ennemis firent jouer une mine en avant du saillant de la gauche. Après avoir résisté quelque temps dans leur chemin couvert où ils étaient nombreux, ils l'abandonnèrent. La place ouvrit alors contre nos troupes et nos travailleurs un feu des plus vifs. On ne put se loger que sur le grand angle de la gauche.

Au jour, les ennemis firent une sortie sur ce logement, culbutèrent les grenadiers qui le soutenaient, et le firent momentanément abandonner. On y revint et on s'y maintint.

21e NUIT.
Du 5 au 6.

Les ennemis firent cette nuit un grand feu de canon, de bombes et de mousqueterie. On chemina vers le grand angle de la droite et vers le saillant de la place d'armes rentrante, pour être plus à portée de les insulter.

22e NUIT.
Du 6 au 7.

On commanda, pour l'attaque de la partie du chemin couvert que les ennemis occupaient, 1,200 hommes, dont 600 devaient faire l'attaque, et 600 la soutenir. A neuf heures et demie du soir, au signal de trois coups de canon, ces troupes se mirent en mouvement, bordèrent la palissade et y restèrent environ une heure et demie pour assurer les travailleurs. On fit cette fois un logement solide. Cette action ne réussit point toutefois sans peine et sans perte de monde.

Nous croyons devoir placer ici la lettre dans laquelle M. Lapara rendit compte à M. Le Peletier de l'attaque du chemin couvert (1) :

« Ce fut la nuit du 4 au 5, sur le dispositif que j'avais fait, qu'on attaqua les trois angles du chemin couvert. Vingt compagnies de grenadiers avaient été commandées pour cela, et trois détachements de 200 hommes chacun, ayant à leur tête des colonels, avaient en outre été commandés pour les soutenir. Ce fut entre une heure et minuit qu'on attaqua. Les ennemis avaient dans ces trois angles 1500 hommes ; ils y firent une grande résistance, et, après en avoir été chassés, leur rempart fit le feu le plus grand et le plus continuel que j'aie jamais vu. A la faveur de ce feu, ils reprirent deux de leurs angles et dégradèrent le logement qui était dessus. Nous ne nous maintînmes que sur le grand angle de la gauche, où l'on fit le plus de travail qu'il se peut, mais à six heures du matin, les ennemis firent une sortie de 300 hommes, soutenus par un plus grand nombre, par le dehors de leurs glacis, et comme le maréchal de camp qui était en cet endroit n'avait eu ni la prévoyance ni la précaution de faire avancer des troupes fraîches devant nos grenadiers qui avaient attaqué la nuit, qui n'avaient plus d'armes en état de tirer, et dont la moitié avait été hors de combat, cela fit que les ennemis renversèrent tout ce qui se trouva devant eux avec une grande confusion, dont ils pouvaient mieux profiter qu'ils ne firent. Le bataillon de Vendosme et sa compagnie de grenadiers qui se trouvèrent dans un des boyaux les plus près, soutenus par d'autres troupes, sortirent à découvert et allèrent aux ennemis qui bouleversaient nos tranchées et logements. Ils ne tinrent point, et on leur tua à leur tour quelques gens dans nos tranchées ; on se remit dans le logement sur le grand angle du chemin couvert qui était le seul qui nous restait, et on y rétablit des sapeurs pour l'allonger pour s'y mieux maintenir.

---

(1) Voyez aussi Quincy.

« Les ennemis gardèrent, tout ce jour-là du 5, la nuit, et le lendemain 6, le grand angle du chemin couvert à droite et la place d'armes du milieu ; ils jetèrent tant de grenades et de sacs à poudre qu'il ne fut pas possible à nos sapeurs d'y rétablir nos logements. L'on fit des tentatives, mais mal conçues et faibles, pour les en chasser, qui n'aboutirent qu'à faire tuer ou blesser 200 hommes. Nous avions eu 600 hommes tués ou blessés la nuit d'auparavant ; cela jetait beaucoup d'irrésolution dans l'esprit des généraux de rattaquer ladite place d'armes et le grand angle, mais comme nous n'en étions qu'à 3 ou 4 toises (1), et que nous avions même quelques gabions remplis encore plus près, cela me fit insister de rattaquer lesdits deux angles à l'entrée de la nuit. M. de Vendosme ayant sur cela préféré mon sentiment à ceux qui voulaient que ce fût en plein jour, hier à neuf heures du soir on attaqua lesdits deux angles ; on en chassa les ennemis et on y fit des logements d'une assez grande capacité pour s'y maintenir, et que l'on a allongés comme vous le verrez, Monsieur, par le plan ci-joint. J'espère que dans cette nuit tous lesdits logements seront communiqués et que nous serons en état d'y travailler à faire des batteries.

« Les ingénieurs qui ont été de tranchée depuis les trois dernières nuits, ont été presque tous tués ou blessés très dangereusement (suit le détail de leurs noms et de leurs blessures). La plupart des capitaines de grenadiers ont eu le même sort.

« L'artillerie des ennemis ne discontinue pas de nous faire un grand fracas, ayant toujours un grand nombre de pièces qui sont placées sur nos côtés. Quant à la nôtre, elle ne nous a été jusqu'à présent d'aucune utilité, et elle a été très mal servie. Cependant ce siége est des plus grands et tout des plus

_____

(1) Quincy dit 6 ou 8.

considérables. J'ai chargé M. Ferry de donner ses soins pour bien diriger notre canon et le bien placer sur le chemin couvert.

« M. Esprit, qui sert auprès de moi, a servi très utilement depuis mon accident. Il m'a été très nécessaire, et d'autant plus que j'ai eu à combattre une infinité de sentiments erronés que l'on insinuait au général, et qui, si on les avait suivis, auraient produit les inconvénients les plus fâcheux du monde.

P. S. « Quoique je sache que M. de Vauban me saura très peu de gré de vous supplier de lui faire part de ce que j'ai l'honneur de vous écrire, je ne laisse pas que de le faire. »

On voit par ces dernières lignes que M. Lapara ne comptait pas sur l'approbation de M. de Vauban, dont il devait connaître l'opinion sur les attaques de vive force. Dans cette occasion il y avait été contraire.

Depuis le 15 juin jusqu'au 6 juillet inclus, on avait perdu plus de 600 hommes tués et l'on avait aux hôpitaux 1893 blessés, qui presque tous l'avaient été d'éclats de bombes, de grenades ou de canons à cartouches. Notre artillerie, dont les canonniers manquaient d'expérience, n'avait pu prendre la supériorité sur celle des ennemis, qui était servie par des canonniers très adroits. On avait commencé inutilement, et l'on pourrait dire maladroitement, une brèche dans la courtine : inutilement, car le logement du chemin couvert masquait maintenant la batterie qui avait fait cette brèche ; maladroitement, car on avertit de bonne heure l'ennemi du danger qu'il courait, et il commença un grand retranchement intérieur qui nous obligea à en passer par l'attaque des bastions qui fut remplie de chicanes. C'est avec raison ici que Ferry, toujours disposé à l'exagération et à critiquer ce qui se faisait, dit que les ennemis se défendaient en gens de guerre et en ingénieurs, qu'ils connaissaient bien quand on faisait des fautes, savaient nous redresser, nous rendaient savants à nos dépens, et obligeaient nos ingénieurs et nos généraux à se conformer aux règles de l'art, dont on ne sortait jamais sans perte, comme on en eut plusieurs fois la preuve.

Les pièces de canon s'étaient fort gâtées. Il y en avait six de crevées ou d'éventées et dix qui avaient la lumière fort grande et auxquelles on devait mettre des grains.

M. de Vendosme écrivait au roi le 7 juillet : « Il y a déjà une brèche de huit toises à la courtine. J'espère que notre canon en peu de jours la rendra bien plus considérable. Après cela nous verrons s'ils voudront soutenir l'assaut ; j'en doute fort, mais si cela arrive, nous leur donnerons de manière que je suis persuadé que nous les emporterons. En tout cas, si un ne suffit pas, nous en donnerons deux. Enfin, Sire, s'ils sont opiniâtres, nous le serons encore plus qu'eux ; car, dans la situation où nous sommes, nous n'avons d'autre ressource que de prendre la place ou d'y périr jusqu'au dernier. Mais j'espère, s'il plaît à Dieu, que nous ne serons pas obligés d'en venir à cette extrémité. »

M. de Vendosme pouvait tenir ce langage au roi. Il commandait à des troupes qui étaient ce qu'il voulait qu'elles fussent, qui ne se rebutaient pas, et se montrèrent d'aussi bonne volonté à la fin du siège que les premiers jours. Ce qu'il y a de surprenant, écrivait l'intendant d'Esgrigny, est que dans une nuit de tranchée on a refait deux fois une même compagnie de grenadiers qui est celle de Sourches, et qu'après y avoir fait recevoir sept sergents de suite, le dernier grenadier ait été aussi ferme que les premiers. Il y a eu dans l'infanterie une infinité d'actions d'une intrépidité à être citée. L'armée n'a jamais été étonnée dans toutes ses alarmes et a toujours agi avec la même fermeté qu'elle a connue dans l'esprit de M. de Vendosme.

Son Altesse terminait sa lettre au roi, du 7 juillet, dont nous avons cité un passage, par ces mots : « Lapara est venu ici aujourd'hui, c'est sa première sortie, mais je lui ai défendu de sortir de chez lui, afin de se ménager, car il a encore la tête fort étonnée. Il a envoyé à M. de Barbésieux un grand plan de l'attaque. »

23ᵉ NUIT.
Du 7 au 8.

L'artillerie entreprit dans le couronnement du chemin couvert la construction de deux batteries de mortiers, celle d'une contre-batterie et les batteries de brèche nécessaires pour ouvrir le bastion de la droite et agrandir la brèche de la courtine. Le bastion de la gauche fut réservé aux mineurs.

Esprit commença un puits de mine, du fond duquel devait partir une galerie souterraine passant à huit pieds au-dessous du fond du fossé et dirigée vers l'angle saillant du bastion..

24ᵉ ET 25ᵉ NUITS.
Du 8 au 10.

Continuation des travaux précédents. Il fait, le 9, un orage violent accompagné de pluie, qui rend impossible l'armement des batteries. Le voisinage des montagnes faisait, qu'aux moindres pluies les soldats avaient de l'eau jusqu'aux genoux et dans une terre si forte qu'il y avait peu de souliers qui pussent y résister. On avait rarement vu en Catalogne une belle saison aussi pluvieuse, mais en revanche la température était supportable, et il n'y avait point de maladies.

La tranchée était montée à cette époque par huit bataillons, quatre compagnies de grenadiers et 300 dragons; et il y avait en outre un bivouac de 600 fusiliers.

Les ennemis établirent sur leurs remparts des réchauds qu'ils allumaient toutes les nuits.

M. de Vendosme écrivit au roi le 10 juillet. « Les ennemis travaillent à se retrancher depuis le bastion de la gauche jusqu'à celui de la droite. M. de Darmstadt publie qu'il veut soutenir l'assaut; j'ai bien de la peine à le croire. Cependant je prends mes mesures comme si cela devait être, et je ne ferai rien avec précipitation. »

26ᵉ NUIT.
Du 10 au 11.

L'artillerie met cinq pièces en batterie dans les logements du chemin couvert.

On perce les faces de la place d'armes rentrante, et d'une ouverture à l'autre on trace dans son terre-plein une communication destinée à être transformée en batterie.

27ᵉ NUIT.
Du 11 au 12.

L'artillerie met sept nouvelles pièces en batterie sur la crête du chemin couvert, et travaille à la batterie de la place d'armes rentrante. Ferry dit qu'il en vit recommencer cinq fois en trente heures le fascinage de l'épaulement pour vices de construction. Nous jugeons que par sa position dans un rentrant dominé par le corps de place, la construction de cette batterie devait présenter des difficultés.

28ᵉ NUIT.
Du 12 au 13.

On achève un logement commencé dans la place d'armes saillante de la droite. L'artillerie met six nouvelles pièces en batterie, ce qui faisait dix-huit.

M. Dandigné écrivit le 13 : « Je compte que dans trois jours il y aura 35 à 40 toises de la courtine à bas. Il ne restera plus que la terre qui est derrière ladite courtine, que nous espérons aussi de jeter à bas bientôt.

« Je mettrai encore demain 6 pièces en batterie (dans la place d'armes rentrante). Celles de la droite sont destinées pour battre la face du bastion de la droite, qui n'est presque que de terre ; ainsi nous en aurons bon marché. Les trois autres sont à la gauche, dont l'une fera un trou dans la face du bastion de la gauche, pour loger le mineur ; les deux autres battront un retranchement que les ennemis ont dans le fossé, et un pont qui répond à une fausse porte. »

29ᵉ NUIT.
Du 13 au 14.

Armement de la batterie de la place d'armes rentrante, dont les pièces tirent au jour.

La galerie conduite sous le fossé avait trouvé un terrain facile, et avait avancé à raison de 5 toises en 24 heures. Parvenus sous les fondations du revêtement, les mineurs entendirent qu'on travaillait à peu de distance d'eux. On sut, par un déserteur des ennemis, qu'un déserteur français les avait informés du danger qui les menaçait. Il fallut se résoudre à faire jouer la mine pour les prévenir. Elle consistait en deux fourneaux, qui furent chargés de 1,400 livres de poudre. On y mit le feu, le 14, à 6 heures du soir. « Elle coula son mur dans le fossé sans éclat, dit Ferry, et fit très bien. A la vérité, la brèche n'avait que 8 toises de face; les puits de derrière en étaient cause. Il y eut des ennemis enterrés, mais ceux qui s'étaient éloignés, tout étonnés qu'ils étaient, revinrent se montrer sur la brèche, et firent gros feu; et quoiqu'on leur en fît de notre côté, ils eurent à point nommé des sacs à terre, et firent un parapet au sommet qu'on eut bien de la peine à abattre dans la suite. »

Les sacs à terre qu'ils employèrent dans cette occasion, étaient de ceux qui servent communément pour le blé ou la farine. Ils avaient 4 à 5 pieds de long, et étaient tous posés en boutisses et parfaitement arrangés.

M. Lapara rend compte au ministre, dans une lettre postérieure (27 juillet), qu'il ne trouva pas cette brèche assez grande pour pouvoir entreprendre de s'établir dans ce bastion et forcer les ennemis, joint à ce qu'il vit qu'il était de nécessité d'attaquer celui de la droite en même temps. « J'ai toujours porté mon sentiment, dit-il, à ne rien entreprendre qu'avec apparence de pouvoir réussir, et j'ai combattu tous les sentiments de ceux qui voulaient entreprendre à la légère, ce qui n'a pas été une petite peine pour moi, ces personnes

appuyant leurs sentiments par leur caractère et non par raison. »

30ᵉ NUIT.
Du 14 au 15.

Persuadé que la communication facile de la ville avec les troupes qui étaient dehors, était une des principales causes de l'opiniâtreté des assiégés, M. de Vendosme partit, le 14, à minuit, avec 3,000 hommes d'infanterie et 2,000 chevaux, pour aller attaquer le camp de la cavalerie qui était à Cornella, sur la rive gauche du Llobrégat. Cette cavalerie se laissa surprendre et s'enfuit honteusement, poursuivie jusqu'à San Felice; on ne put l'empêcher de gagner Molins de Rey. Dans le même temps, le lieutenant général d'Usson attaquait, avec 1,000 hommes d'infanterie et 500 chevaux, les camps de don Otasso, dans les montagnes de Sarria, et remportait également un avantage sur les ennemis. On prévint, sans le savoir, par ces expéditions, le projet qu'ils avaient formé d'attaquer notre droite.

M. Lapara se plaint vivement, à cette époque, dans une lettre du 15, des travaux de l'artillerie. « Si les batteries, disait-il, avaient été dirigées et exécutées selon mon projet, il aurait dû y avoir, à cette époque, plus de la moitié de la courtine en brèche et en état d'y pouvoir donner un assaut. Mais le canon a été si mal servi, et les embrasures si mal dégorgées, et les épaulements si défectueux, qu'on y a perdu nombre de canonniers de la marine, sans que ce canon ait fait un grand progrès. Il n'y a rien que je n'aie mis en usage pour y porter quelque remède, et tous les quarts d'heure du jour j'en ai porté des plaintes à son altesse, prévoyant, mieux que personne, les inconvénients qui nous peuvent arriver à perdre autant de temps que nous faisons. »

On fut en effet informé par des déserteurs de la place, que les ennemis mettaient ce temps à profit pour retrancher les bastions, et pour continuer le retranchement commencé derrière la courtine.

Les reproches que M Lapara adresse à l'artillerie étaient-ils fondés? n'étaient-ils pas très exagérés? nous le pensons. Il n'avait pas encore repris ses forces que les saignées lui avaient ôtées, ne pouvait pas aller à pied à la tranchée, et ne pouvait s'assurer de rien par lui-même. Il jugeait des choses par les rapports qu'on lui faisait, et dans lesquels on pouvait bien, pour le flatter, imputer à l'artillerie tous les retards que le siége éprouvait. Nous avons déjà dit que la relation de Ferry a un cachet d'exagération ; néanmoins, comme elle appartient à l'histoire (1), nous la citerons encore ici. Suivant cet ingénieur, l'artillerie ne donnait nulle élévation aux plates-formes, en sorte que le canon était toujours enfoncé et bas ; ces plates-formes n'avaient pas de gîtes et ne servaient jamais deux jours sans qu'il fallût les refaire. Les épaulements des batteries furent aussi toujours trop bas, en sorte que la mousqueterie les plongeait partout ; il n'y faisait pas sûr à 6 pieds du parapet, et à plus forte raison à la queue des affûts. Les embrasures n'avaient pas de portières, les pièces, pas de fronteaux de mire. Enfin les officiers ne voulurent pas pratiquer la méthode de faire brèche, qui avait si bien réussi au siége d'Ath. « Ce n'a été qu'après un très long temps et qui a ennuyé toute l'armée, et qu'à force de soins que M. Ferry prenait pour les redresser à tous les moments du jour, qu'on est parvenu à faire brèche ; encore est-il certain que pour la dernière partie de brèche de l'extrémité de la courtine, qui est près le bastion de la droite, qui était restée à faire sur 10 toises de long, ils n'ont jamais pu venir à bout de l'achever en 12 ou 15 jours de temps, avec 6 canons qui y étaient pointés, parce qu'ils s'amusaient de se servir de ces pièces pour tirer à toutes autres choses, conformément aux petites opinions des génies de ces officiers. »

(1) Elle est reliée, au dépôt de la guerre, avec les pièces officielles de l'année 1697.

31ᵉ ET 32ᵉ NUITS.
Du 15 au 17.

Continuation des brèches de la courtine et du bastion de la droite, et attachement du mineur au bastion de la gauche.

M. Dandigné écrivait, le 17 : « Les brèches se font fort grandes, et je crois qu'après-demain il restera peu de muraille dans le front que nous battons. Il me paraît que la terre est presque aussi difficile à abattre que la maçonnerie. C'est une espèce d'argile, qui ne s'éboule pas aisément. On sera contraint de faire jouer quelques fourneaux ou de la saper, quand on sera établi au pied de la brèche. » Voilà une difficulté à laquelle on ne s'attendait pas.

Il ajoutait : « Nous avons 12 pièces de canon d'éventées (1), et je suis sûr que demain il y en aura plus de 4. J'ai fait mettre 8 grains à des pièces qui avaient la lumière fort grande. »

M. de Vendosme écrivit au roi le 17 juillet :

« Les ennemis ont marqué jusqu'à présent beaucoup d'opiniâtreté. Ils ont fait un retranchement depuis un bastion de l'attaque jusqu'à l'autre, lequel est inférieur au rempart de 8 à 10 pieds. Cela m'a fait prendre le parti, au lieu de donner l'assaut, de songer seulement à nous loger sur la brèche et sur les deux bastions. J'ai communiqué ma pensée à MM. les officiers généraux et à M. Lapara, ils ont tous été de mon sentiment. J'espère que nous ferons ce logement sans y perdre beaucoup de monde, et quand il sera une fois fait et que nous y aurons mis du canon, je ne crois pas que les ennemis puissent pousser leur opiniâtreté plus loin, à moins de vouloir perdre à coup sûr toutes leurs troupes et leur ville. Votre

---

(1) M. Dandigné fait remarquer, dans une lettre du 15 août, que les pièces s'éventaient presque toutes à la volée. Il proposait, en conséquence, de les faire moins longues d'un demi-pied et de renforcer la volée.

Majesté peut compter que nous ne nous rebuterons point, et que nous serons encore plus opiniâtres qu'eux. »

Cette résolution prise, il fallait attendre le progrès du travail du mineur qui fut un peu lent, et nous verrons que l'on ne touchait pas encore à la fin du siége.

33e, 34e, 35e, 36e ET 37e NUITS.
Du 17 au 22.

Continuation du travail du mineur, au bastion de la gauche et semblable travail, même plus difficile, rendu nécessaire au bastion de la droite, à ce bastion, dont M. Dandigné espérait avoir si bon marché, parce qu'il n'avait qu'un demi-revêtement avec un talus en placage au-dessus. Après avoir conduit une sape dans son fossé jusqu'au pied de la brèche, on fit monter des hommes sur le talus de la brèche pour le rendre plus aisé ; mais on trouva que cela ne suffisait pas. On passa en galerie par dessous la base du revêtement, et on établit un fourneau de mine sous la brèche.

Enfin, dans la journée du 22, on acheva de charger les fourneaux de mine et de mettre en état tous les débouchés nécessaires pour le passage des colonnes qui devaient monter à l'assaut aux bastions. On ne jugea pas prudent de livrer assaut en même temps aux brèches de la courtine, derrière lesquelles était le retranchement dont nous avons parlé, qui n'avait pas été reconnu.

38e NUIT.
Du 22 au 23.

A sept heures du soir, M. de Vendosme vint à la tranchée, c'était la seconde fois qu'il y paraissait (1). M. Lapara lui fit voir les dispositions qui avaient été faites. Tout était prêt. On attendait les grenadiers, qui, mal guidés, n'arrivèrent

---

(1) La relation de Ferry dit la première fois. D'après les lettres de M. de Vendosme, c'est une erreur.

qu'après les travailleurs, ce qui produisit un peu de confusion. Les troupes ne furent rangées en ordre qu'entre 9 et 10 heures. La nuit était noire.

La mine de la droite joua la première à 9 heures du soir. Elle ouvrit une brèche près du saillant. Esprit se tint devant sa mine avec trop de confiance et fut presque enterré, mais plus de 50 hommes le furent tout de bon. Dans le temps qu'elle joua, un des ennemis allumait comme un sacristain, avec une longue perche, les réchauds de feu de l'angle du bastion par-dessus les sacs à terre, mais tout disparut et fut abîmé ensemble. Depuis la prise du chemin couvert, les assiégés étaient dans l'usage d'allumer tous les soirs, sur tous les angles saillants de la place, des réchauds de feu.

La mine de la gauche élargit de 12 à 15 toises, la brèche qui avait été faite précédemment. Elle joua quelques minutes après celle de la droite. Les signaux furent mal donnés; car, comme les ennemis tirèrent des coups de canon en même temps que nous, on se brouilla au compte : on en devait tirer trois pour faire jouer les mines et sept pour monter à l'assaut.

Dès que les mines eurent joué, les troupes montèrent à l'assaut et poussèrent les ennemis jusque dans leurs retranchements. Les ingénieurs s'établirent sur la longueur des deux brèches du bastion de la gauche, et y firent un très beau logement, malgré le grand feu de mousqueterie et de grenades de la place. On en fit un autre sur la pointe du bastion de la droite. Ce logement et sa communication se trouvèrent en aussi bon état le matin qu'on pouvait le souhaiter; ce qui nous fut très nécessaire pour pouvoir nous maintenir dans ledit logement; car, le matin, à huit heures, les ennemis sortirent en grand nombre du retranchement qu'ils avaient dans le bastion, et vinrent attaquer de front notre logement, tandis que d'autres troupes s'avançaient par le fossé de la droite pour le prendre par derrière; mais cette manœuvre fut rendue inutile, par un logement avec banquettes, que M. Lapara avait fait faire quelques jours auparavant sur l'arrondissement de la contrescarpe. Le détachement qui était dans ce logement ayant vu venir les ennemis de très loin dans le fossé, leur fit un grand feu et les empêcha d'arriver jusqu'au pied de la brèche. Les autres ennemis, dit M. Lapara, dont nous empruntons souvent les expressions, firent tous leurs efforts pour culbuter et chasser nos gens de la pointe du bastion, mais nos troupes s'étant bien défendues, donnèrent loisir au bataillon de Médoc qui occupait le logement de contrescarpe, d'y marcher, le marquis de Montendre à la tête. Cela fit que les ennemis furent obligés de se retirer, laissant de leurs officiers et soldats, tués sur le parapet du logement.

Comme cette action finissait, les ennemis attaquèrent les logements qui étaient sur les brèches du bastion de la gauche. Ces logements étaient élevés et en bon état, et avaient derrière eux des brèches accessibles, qui donnaient la facilité de pouvoir les soutenir. Néanmoins deux compagnies et 50 dragons qui les occupaient plièrent; les hommes se renversèrent en désordre les uns sur les autres. Je ne pourrais point vous détailler toute cette honteuse affaire, dit M. Lapara, sans charger quelques personnes de mauvaise conduite et d'autres choses (la plupart des officiers n'étaient pas à leurs postes). Les ennemis travaillèrent dans ce moment à bouleverser notre logement, comptant qu'on ne les en laisserait pas longtemps les maîtres, mais comme ils ne virent aucune disposition de les y venir attaquer, au lieu de continuer à défaire le logement, ils travaillèrent à le réfectionner et à le hausser. Dans ce moment, Son Altesse M. de Vendosme m'envoya chercher pour me demander mon sentiment, qui fut de rattaquer ce bastion sur-le-champ. Mais quelques soins qu'on pût prendre, quelques mouvements que se donnât M. le comte de Coigny qui était de tranchée, on ne se trouva en disposition de pouvoir rattaquer ledit bastion, que sur les 4 à 5 heures du soir (1);

(1) D'après le rapport de M. de Coigny, lieutenant général qui comman-

et comme tous les détachements étaient disposés pour re-
monter aux brèches, nous vîmes les ennemis qui attaquaient
de nouveau le logement du bastion de la droite, cela fit qu'on
se pressa d'attaquer. On monta sur le sommet des brèches du
bastion que nous avions perdu le matin ; nos grenadiers y
firent des prodiges de valeur, et surtout ceux du régiment de
Sault. Les ennemis ayant tenu ferme à coups de baïonnette
et coups d'esponton, l'on fut un peu de temps à les forcer ;
un bataillon d'Alsace, à la tête duquel était le prince de Birkenfeld, et un autre bataillon de tranchée qui le suivait, montèrent avec leurs drapeaux sur le haut des brèches, et nos
grenadiers étant entrés dans le bastion pêle-mêle avec les ennemis, les suivirent à coups de baïonnette jusque par delà

---

dait l'assaut, le logement de la droite fut regagné, dans le moment, par
deux compagnies de grenadiers commandées par M. de Montendre, qui passèrent par dessus le parapet de la tranchée ; la gauche ne put avoir le même
bonheur, parce qu'on ne pouvait y aller que par une voûte (sans doute celle
du canal) à passer deux hommes de front, laquelle se remplit de fuyards et de
blessés. En sorte qu'il fallut accommoder de nouveaux passages qui ne furent en état qu'à trois heures après midi. M. de Coigny fit alors attaquer les
ennemis par huit compagnies de grenadiers, soutenues de huit piquets, et,
comme les passages étaient encore très difficiles, il fit sauter une partie des
troupes par dessus les batteries pour qu'elles pussent donner en même temps.
« Ma disposition, dit-il, n'étant pas encore tout-à-fait achevée, les ennemis attaquèrent dans ce moment le bastion de la droite, cela m'obligea de faire attaquer celui de la gauche, un peu plus tôt que je ne l'aurais fait. Cependant,
tous mes ordres s'exécutèrent parfaitement bien et tout donna en même
temps. Les ennemis disputèrent fort leurs retranchements, et n'en furent
chassés qu'après un long feu. Comme ce feu dura longtemps, le premier
bataillon d'Alsace y marcha. Dans ce temps-là, ils firent sauter plusieurs
mines, entre autres, une à leur dernier retranchement, qui causa un peu
de désordre dans nos troupes, et qui leur fit abandonner une partie du bastion. Cela se rétablit bien vite par le prince de Birkenfeld, qui rallia son bataillon qui était ébranlé. J'y fis marcher des dragons, et ensuite son second
bataillon, pour le soutenir. On reprit les postes dont on s'était retiré à
cause de la mine, et le logement s'y établit en toute sûreté. »

leur retranchement, qui coupe le bastion par les deux tiers des faces. Les ennemis y firent jouer et sauter des fourneaux qui brûlèrent quantité de nos gens. Cependant nous avançâmes notre logement sur ledit retranchement, en nous servant de tout ce qui en pouvait être favorable. M. Robert, brigadier ingénieur, en profita avec toute la capacité et la valeur possibles. Il y fut blessé dangereusement, et tous les ingénieurs de sa brigade y furent tués ou blessés. Les ennemis perdirent beaucoup de monde, aussi bien que nous, en cette action, et le colonel qui commandait dans ce bastion, y resta prisonnier et très blessé.

« Pendant toute cette action, les ennemis étaient aux mains avec nos gens sur le bastion de la droite, où ils furent repoussés comme ils avaient été le matin. Le bataillon de Sourches, qui avait pris la place de Médoc, le comte de Monsoreau à la tête, y marcha avec les drapeaux. Nous eûmes jusqu'à de nos travailleurs qui se défendirent à coups de pioche; les ennemis en avaient pris nombre par les cheveux, et les voulaient emmener. Voilà en bref ce qui se passa le 22 et le 23 (1). »

39e NUIT.
Du 23 au 24.

On perfectionne les logements.

Les ennemis gardaient dans le bastion de la droite un petit retranchement, semblable à celui du bastion de gauche qu'ils avaient perdu, avec cette différence qu'il était plus retiré, quasi collé au corps de place et très bas, le bastion étant vide. On ne pouvait y aller sans faire un très grand chemin à découvert, et être plongé de très près par deux étages de feux partant d'une tour. Faute d'avoir bien exa-

---

(1) Il y a le 23 et le 24; mais c'est une erreur.

miné cela, on tâta ce retranchement sans succès dans la nuit. On y perdit cent hommes.

A la pointe du jour, M. Lapara prit le parti de faire monter sur la pointe du bastion deux pièces de 16, pour battre la tour, et de cheminer à la demi-sape dans l'épaisseur du parapet de la face gauche du bastion, par traverses tournantes jusqu'à l'épaule, pour gagner, pied à pied le retranchement des ennemis.

Dans le bastion de la gauche, dont on était entièrement maître, M. Lapara fit ouvrir deux sapes pour cheminer jusque sur les flancs du bastion, et, s'il se pouvait, attacher des mineurs au rempart qui en ferme la gorge et à deux grosses tours qui s'y trouvent.

Quant à la courtine entre les deux bastions, elle était en brèche sur une longueur de plus de 55 à 60 toises. Mais les ennemis y avaient fait un retranchement parallèle derrière (1), et deux grands flancs avec un bon fossé et des coupures à droite et à gauche sur le rempart. » Mais tout cela ne serait pas une affaire, ajoutait M. Lapara, s'ils n'entretenaient pas tous les jours et toutes les nuits tout du long de la brèche de ladite courtine, entre elle et les retranchements, un brasier continuel où ils jettent des bois infinis. Jamais siège n'a été plus avancé, et cependant vous pouvez entrevoir par tout ce détail qu'il y a encore bien des choses à faire. »

40e ET 41e NUITS.
Du 24 au 26.

Continuation des cheminements, dans le bastion de la gauche pour attacher le mineur à l'ancien corps de place, dans le bastion de la droite, pour faire abandonner aux ennemis leur retranchement. La batterie de deux pièces, sur la pointe de ce bastion, tira le 26 au matin.

---

(1) On n'avait pas encore pu bien reconnaître ce retranchement.

M. Lapara envoya à cette époque à M. Le Peletier , la liste
des ingénieurs tués et blessés. Sur 48, 12 avaient été tués, et
22 blessés plus ou moins grièvement, mais hors d'état d'agir.
« Je suis persuadé, lui disait-il, que vous en regretterez beaucoup et particulièrement Laberrie. C'était un bon sujet et
galant homme. Si M. Robert en réchappe, comme je l'espère,
je suis en obligation de vous dire qu'on ne peut rien ajouter
à la manière dont il a servi. Il a fait le plus beau logement
qui se puisse en plein jour et à bout portant, faut dire du
corps de place, et qui nous a assuré la possession du bastion
de la gauche. J'espère que vous ne lui refuserez pas la direction de feu M. Esprit qui fut tué hier au soir, le 25. J'en
suis inconsolable et le serais encore plus si j'y avais contribué;
mais il a fait son malheur. Il avait été à couvert sous une
pièce de canon que les ennemis ont laissée dans un des flancs
du bastion de la gauche. Il sortait à quatre pattes d'une de
nos sapes et fut tué en cet endroit. C'est une perte, car il se
serait rendu très capable , et commençait à bien se perfectionner. Je voudrais pour toute chose au monde le racheter. »

C'est avec plaisir que nous citons ce passage. Il montre
combien cet homme , qui se ménageait si peu , était sensible à
la perte de ses semblables qui méritaient des regrets.

Esprit avait reçu des éloges de M. Le Peletier, pendant les
démolitions de Cazal et de Pignerol , pour sa manière de com-
passer les feux des fourneaux. M. de Vendosme fit mention
de sa mort dans une lettre au roi, en ces termes : « Nous per-
dîmes hier au soir le sieur Esprit. C'est en vérité un très grand
dommage. Je n'ai point vu d'homme qui ait plus de valeur ,
de capacité et d'esprit. »

M. de Vendosme écrivit au roi le 26 juillet :

« Nous poussons nos sapes avec toute la diligence possible
pour nous approcher du vieux mur de la place qui ferme par
la gorge les deux bastions que nous occupons , et nous y at-
tacherons les mineurs pour le renverser. Je ne sais si les ennemis attendront l'effet de nos mines; s'ils le font, il faut

5.

qu'ils se résolvent à s'exposer eux et leur ville aux dernières extrémités. Car le retranchement qu'ils ont fait derrière la brèche, et qui tient d'un bastion à l'autre, est inférieur à la courtine de plus de dix pieds, de sorte que je suis persuadé que ce retranchement ne leur peut servir qu'à capituler. »

« Ces gens-là ont marqué jusqu'à présent beaucoup d'opiniâtreté, cependant j'apprends par les rendus, dont il nous arrive tous les jours un assez grand nombre, que la garnison est considérablement diminuée, et qu'il n'y a pas à présent plus de 3,000 hommes de pied en état de combattre. Ils sont même obligés de mettre de leur cavalerie pied à terre à la brèche toutes les nuits. Pour notre infanterie, bien loin de se rebuter, elle est encore d'aussi bonne volonté que les premiers jours du siége, ce qui me donne lieu d'espérer que cette entreprise aura dans peu une bonne issue.

« Nous allons employer tous nos soins pour empêcher, autant qu'il se pourra, la communication de la ville avec ceux du dehors; et pour cet effet, je ferai marcher toutes les nuits la plus grande partie de la cavalerie de notre droite pour barrer jusqu'au Llobrégat; pendant le jour, à la moindre chose qui paraîtra, j'y marcherai aussi comme je fis hier.

« Je me trouve, Dieu merci, en état à présent de monter à cheval à mon ordinaire, mais j'ai encore les jambes et les jarrets si faibles que je ne puis agir à pied comme je le souhaiterais.

« Notre infanterie est toujours gaie et de bonne volonté, parce qu'elle gagne de l'argent, et que le vin est à 8 sols le pot; ce qui fait qu'ils en ont tant qu'ils veulent. Cela leur fait oublier tous les périls qu'ils essuient et les peines qu'ils souffrent. Si le vin venait à augmenter de prix, et qu'ils n'en pussent pas avoir leur suffisance, on ne sait où cela pourrait aller (1). »

_____

(1) « On a éprouvé en Catalogne que la privation du vin ou de toute autre

42e NUIT.
Du 26 au 27.

Les cheminements dans le bastion de la gauche, s'exécutant sous les feux plongeants de deux tours qui étaient à la gorge de ce bastion, étaient très périlleux. M. Lapara résolut de faire monter six pièces de 24 sur la pointe du bastion pour ruiner ces tours. Le soir du 26, on travailla à rendre accessibles au canon les rampes des brèches, et à dix heures du soir les pièces furent mises en batterie par les équipages des galères. Mais au bout de quatre heures, il y eut quatre de ces pièces qui furent démontées par les bombes de l'ennemi. On mit en leur place des pierriers.

Le matin du 27, on se logea sur le retranchement du bastion, après en avoir simulé l'attaque pour engager l'ennemi à mettre le feu aux poudres et aux bombes qu'il pourrait y avoir enterrées. M. Lapara écrivit à M. Le Peletier : « Je vous supplie de faire remarquer à Sa Majesté la manière dont j'ai cheminé par traverses tournantes, tout le long de la face gauche du bastion d'attaque de la droite dans l'épaisseur de son parapet, qui est supérieur au retranchement des ennemis. »

M. Le Peletier lui répondit le 6 août : « Sa Majesté me paraît avec raison très contente de la manière dont vous conduisez le siége, que l'on regarde ici comme une des grandes affaires qu'il y ait eu depuis longtemps. »

M. Lapara terminait ainsi sa lettre : « On n'a pas encore vu de siége où il ait fallu faire et essuyer le quart de ce que cette place nous oblige. Je ne puis m'empêcher de vous

---

boisson fermentée, est, quand elle doit durer longtemps, la plus pénible pour tous les militaires en général, et qu'elle est plus sensible encore, et pour ainsi dire insupportable aux soldats français. » (*Journal de Catalogne du maréchal Saint-Cyr.*)

avouer que c'est une rude besogne que d'attaquer une armée dans une place qui a les accès libres.

« J'ai l'honneur de vous envoyer un plan du front de l'attaque. C'est à peu de chose près comme nous sommes dans les deux bastions, mais le plus grand chaos du monde par les puits et les mines et la quantité de morts et de gens brûlés. »

M. Dandigné écrivait le 27 juillet :

« J'ai eu l'honneur de vous mander que nous avions fait une grande brèche à la courtine. Elle est encore augmentée depuis ce temps-là, et il y a plus de douze jours qu'elle a plus de 60 à 70 toises de large, la plus belle et la plus facile qu'on ait jamais vue à aucun siége. Cependant nos affaires ne s'en avancent pas davantage. J'ai fait mettre six pièces de 24 sur le logement de la gauche et deux sur celui de la droite qui tirèrent hier. Notre canon y est peu utile.

« Notre canon se gâte beaucoup. Il y a quinze pièces d'éventées. J'ai fait mettre des grains à dix autres, et ce soir j'en ferai retirer quatre autres où il en faut encore mettre. Avec tout cela, on n'a pas laissé que de crier contre l'artillerie comme on a accoutumé de faire dans tous les siéges. J'ose pourtant bien vous assurer qu'elle a fort bien fait son devoir, et j'en prends l'armée à témoin. Si tout le reste des choses avait été de même, il y a plus de dix jours que nous serions dans Barcelone.

« Nous avons perdu beaucoup de mules et de mulets. Ils vont jour et nuit porter des munitions dans les tranchées les plus éloignées, essuyant force coups de canon.

« Six commissaires ont été tués, deux sont mourants de leurs blessures et trois autres sont blessés. Le bataillon de Royal-Artillerie est perdu. »

La place reçut à cette époque un renfort de 600 hommes de la garnison de Ceuta, qui furent amenés par Viscomty, ingénieur, mestre de camp.

43ᵉ, 44ᵉ, 45ᵉ, 46ᵉ, 47ᵉ 48ᵉ ᴇᴛ 49ᵉ ɴᴜɪᴛs.
Du 27 juillet au 3 août.

On entreprit, la nuit du 27, une parallèle au pied de là brèche de la courtine pour communiquer les logements des bastions et servir de place d'armes pour l'assaut au corps de
place. Ce travail délicat et dangereux fut achevé le 30. On y
mit trois mortiers.

Dès le 28, aussitôt qu'on fut établi sur le retranchement du
bastion de la droite, on commença en deux endroits, sous ce
retranchement, deux rameaux de mines, l'un pour aller sous
la muraille de la ville à droite de la tour, l'autre à gauche.
Le soir du 1ᵉʳ août, on était parvenu à la muraille, sous sa
fondation. Le 3, on chargea les fourneaux afin d'être en mesure de prévenir l'ennemi.

On n'était pas aussi avancé dans le bastion de là gauche.
Le 31, il nous fallut abandonner une galerie qui avait été
poussée le long du flanc droit jusqu'au corps de place et sous
laquelle on entendit travailler. On l'emplit de bombes et de
poudres auxquelles on mit le feu pour enfoncer celle des
ennemis. Le lendemain sur les deux heures après midi, ils
firent jouer un fourneau sur ce point, pensant que nous
avions décombré notre galerie pour la continuer. L'explosion
ébranla la tour voisine, celle de la droite, qui était déjà en-
tamée. Un coup de canon tiré de notre côté en fit tomber la
moitié. Le 3, on fit tomber le reste. Dès le commencement de
ces chicanes, on s'était décidé à transporter l'attaque sur le
flanc gauche. On chemina à la sape jusqu'à une voûte qui s'y
trouve, et sous laquelle on se logea (la voûte de la porte qui
procura un couvert très utile). De là on poussa des rameaux
de mine jusque sous les tours et murailles qui ferment la
gorge du bastion. « Vous trouverez avec raison que cela est
bien long, écrivait M. Lapara (lettre du 2 août); mais il
n'y a point d'autre expédient pour dérober aux ennemis la
connaissance de nos mines. Des galeries blindées ne rempli-

raient pas ce but. On s'apercevait à la lenteur de ces travaux des pertes que la compagnie de mineurs avait faites. Il n'y restait plus d'officiers ; le premier sergent et les caporaux qui étaient très entendus avaient été blessés. Il faut, disait M. Lapara, que je sois maintenant l'hôte et l'hôtellerie.

M. de Vendosme écrivait le 29 juillet :

« Si les ennemis attendent l'effet de nos mines, j'ai résolu de nous loger sur la courtine qui ferme la gorge des deux bastions. Quand nous y serons une fois établis avec du canon, que nous y mènerons facilement, nous serons si supérieurs au retranchement que les ennemis ont fait dans la ville, qu'il n'est pas possible qu'ils y puissent demeurer. En tout cas, s'ils voulaient faire une folie outrée, nous serions en état de leur donner un assaut avec tant d'avantages qu'il est indubitable qu'ils seraient emportés. MM. les officiers généraux et le sieur Lapara sont convenus que ce parti était le meilleur et le plus sûr. J'espère que Votre Majesté l'approuvera.

« Quand nos mines seront prêtes, je ferai sommer la ville selon les lois de la guerre ; mais je le ferai de manière que les ennemis verront bien que ce n'est pas la crainte de donner un assaut qui nous y oblige,

« Je ne sais pas que dire sur ce qu'ils feront, car ils me paraissent fort opiniâtres. Dans six ou sept jours au plus, nous serons éclairés de tout. »

Le 30, M. de Vendosme vint à la tranchée pour la troisième fois depuis le commencement du siége. Il poussa une reconnaissance à la droite pour tâcher de porter son camp de manière à resserrer davantage la place. Mais le manque d'eau pour la cavalerie l'empêcha de prendre ce parti.

Le 2 août au matin, ayant reçu la veille un renfort de milices du Languedoc et de paysans soumetans du Roussillon, montant à 2,000 hommes, il allongea enfin le campement de sa droite en crochet qui s'approchait du Mont-Jouy. Et ce, dit Ferry, de l'avis de M. Lapara, qui avait toujours insisté sur cela, et ne pouvait que produire un bon effet et ôter une partie de l'espérance de la retraite aux assiégés, quoiqu'il y eût du bout de cette ligne encore près d'une lieue, tant à la rivière du Llobrégat qu'à la mer, pour achever l'investissement. « Mais avec de gros bivouacs pendant la nuit, si nous n'empêchons entièrement la communication de la ville avec le dehors, écrivait M. de Vendosme (lettre du 2 août), nous la troublerons beaucoup. Je fais ce mouvement sans aucun danger, n'y ayant pas assez de troupes dans la montagne pour nous donner de l'inquiétude, et tous les Soumetans s'étant retirés. »

M. de Vendosme informait en même temps le roi qu'il était en état de le servir à son ordinaire, et qu'il avait pu visiter à pied tous les travaux. Il terminait ainsi : « Je ne doute pas que Votre Majesté ne commence à s'ennuyer de la longueur de ce siége, mais je la supplie en même temps de considérer que nous avons affaire à des gens fort opiniâtres, qui nous font toutes les chicanes imaginables, et qui profitent de tous les avantages qu'on peut prendre. Cependant il faudra bien qu'ils succombent. Nos troupes ne demandent pas mieux que de donner l'assaut, mais j'aime mieux aller plus lentement et avec sûreté. Je serai toujours bien reçu quand j'en voudrai venir à cette extrémité. Voilà pourquoi j'ai pris le parti, après l'effet de nos mines, de nous loger sur le rempart. Plusieurs rendus m'ont assuré que la courtine entre les deux bastions est minée, et je trouve cela assez vraisemblable. C'est pourquoi il nous faut prendre beaucoup de précautions pour nous loger. »

M. Dandigné écrivait le 3 août : « Presque la moitié de nos pièces de canon sont éventées, à la réserve de neuf où j'ai fait mettre des grains, sans compter quatre autres auxquelles on en avait mis. Quoique celles qui sont en batterie aient la lumière fort grande, on ne laisse pas que de s'en servir pour tirer sur les sacs à terre qui sont sur la brèche et dans les retranchements.

« On a consommé depuis l'ouverture de la tranchée, près
de 600,000 livres de poudre, plus de 40,000 boulets et
15,000 bombes au moins, grosses et petites, plus de 60,000
sacs à terre et 20,000 outils. A l'égard des sacs à terre, les
soldats en ont beaucoup pris, et on en a mis dans tous les
boyaux et tranchées qu'on a faits. 60 milliers de poudre sont
nécessaires pour finir le siége. »

50ᵉ ET 51ᵉ NUITS.
Du 3 au 5.

Le 4, les assiégés montrèrent dans le bastion de la gauche
toute l'opiniâtreté dont ils étaient capables, en venant se re-
nicher à tous les étages de la tour de la gauche qui était
à demi ruinée ; d'où, par de petits trous, ils plongeaient
dans ce bastion, dans son avenue de communication et
dans les sapes, de façon qu'on y était fort en danger et qu'on
y perdait encore bien du monde, sans qu'il y eût d'autre
remède que de l'abattre et ruiner à coups de canon comme
l'autre.

Le 5, trois mines étant chargées, deux à la gorge du bastion de la droite et une à celle du bastion de la gauche, M. de
Vendosme fit sommer la place, par M. de Barbesière. Cet officier général parla à M. de Pimentel, marquis de la Floride,
qui commandait l'artillerie, et lui dit que les mines étaient
prêtes, que les assiégés avaient dignement rempli leurs de-
voirs, que, n'ayant plus de secours à espérer, s'ils attendaient
que les mines eussent joué et que les troupes s'ébranlassent,
il n'y aurait plus de capitulation à espérer pour eux. Il y eut
suspension d'armes. Des otages furent donnés pour la capitulation. Dès le premier appel, pour la sommation, M. Laparà, accompagné de Ferry, profita de l'occasion pour examiner l'état de toutes choses, et reconnaître exactement le
retranchement intérieur, dont on faisait grand bruit. M. de
Coigny, qui était de jour, fit, avec M. Laparà, sa disposition pour l'attaquer. Le jour était beau, les ordres avaient

été bien donnés; les matériaux étaient en abondance; les troupes mises sous les armes avaient un air triomphant; des banquettes avaient été pratiquées dans les décombres des brèches, pour en faciliter la montée. Ferry ajoute que 1,600 maraudeurs s'étaient déjà organisés pour le pillage de la ville.

52ᵉ, 53ᵉ, 54ᵉ, 55ᵉ ET 56ᵉ NUITS.
Du 5 au 10.

La première réponse des assiégés n'était pas satisfaisante. M. de Vendosme était résolu à faire jouer les mines, le 7, au matin, s'il n'en recevait pas d'autre. Ce jour-là, ils envoyèrent dire qu'ils étaient prêts à capituler, en cas qu'il fût vrai que les mines fussent chargées et en état de produire un effet considérable. M. de Vendosme, qui voulait les amener par conviction à une capitulation avantageuse pour l'armée, y consentit. Mais, comme dit Ferry, que ce fût par dessein ou par tempérament, il est certain qu'ils avaient un talent merveilleux pour nous traîner les choses en longueur. Enfin ils vinrent voir les mines le samedi matin, 10. Ils avaient chargé cinq différents officiers de cet examen, entre lesquels étaient don Chafrillon, ingénieur major et mestre de camp, le seigneur Viscomty, Milanais, qui était venu de Ceuta et qui commandait l'infanterie, le mineur de Ceuta, etc. Ils entrèrent tous cinq séparément dans les trois mines. Ils mesurèrent leurs galeries par dessus la surface du fossé, à la vue de toute la ville. Ils firent même décharger celle de la droite pour en voir la poudre, ce qui dura jusqu'à midi. Ils en furent contents, allèrent faire leur rapport, et on ne put plus se dispenser de signer.

Les capitulations étaient au nombre de trois : pour la garnison, pour les bourgeois, et pour le clergé. La garnison ne fut pas prisonnière de guerre et sortit de la place par les brèches, le 15 août. On y compta 5,000 hommes de pied, 1,500 chevaux et 14 officiers généraux. La reddition du Mont-jouy avait été comprise dans la capitulation. M. de Vendosme écrivit à ce sujet au roi (1) , en lui envoyant l'original de la capitulation :

« Votre Majesté trouvera peut-être que je me suis un peu relâché, mais je la supplie en même temps de considérer qu'on nous a rendu le Mont-Jouy sans avoir été attaqué, et cela nous tire de beaucoup d'embarras et me paraît fort honorable pour les troupes de Votre Majesté. »

Dans une lettre postérieure, M. de Vendosme fit au roi l'observation suivante, sur les articles qui concernaient la ville : « Votre Majesté ne doit point être surprise, si elle a trouvé dans cette capitulation quelques articles qui ne sont point d'ordinaire dans les autres. On n'a jamais pris de ville qui ait de si grands privilèges, où il y ait tant d'intérêts, et qui est, de plus, en possession de se moquer souvent des ordres mêmes du roi d'Espagne. Mais je réponds à Votre Majesté que les siens y seront ponctuellement exécutés. » Toutefois, les bourgeois qui devaient rendre les armes de guerre qu'ils avaient, rendirent à peine 1,000 fusils.

La nouvelle de la signature des capitulations causa une satisfaction générale. « Les aigreurs qui s'étaient lâchées pendant les pourparlers, dit Ferry, chez M. le grand Prieur, entre lui et M. Lapara et les officiers généraux, avaient été sur le point de tout perdre ; car M. Lapara s'en voulait aller, quand, par bonheur, tout fut enveloppé dans la joie de la capitulation. Sans cela, et si l'affaire n'eût pas réussi, on se serait tous mangé et déchiré les uns les autres. J'ai été témoin de toutes ces scènes. »

Le roi nomma M. Lapara maréchal de camp, le 19 août, sans attendre le rapport de M. de Vendosme. Le ministre lui écrivit :

« Vous aurez vu, par le brevet, que le roi n'attend pas que vous lui demandiez des grâces. Celle-ci est une marque de la satisfaction qu'il a de la manière dont vous l'avez servi. »

---

(1) Lettre du 15.

˙ Dans sa lettre, du 15, M. de Vendosme se borna à dire : « Quand le sieur Lapara aura visité toutes les fortifications de la ville et du Mont-Jouy, je le ferai partir pour se rendre auprès de Votre Majesté. Je crois qu'elle peut l'honorer d'un brevet de maréchal de camp, puisqu'il a été assez heureux de la servir dans une aussi grosse et aussi importante entreprise. »

M. Lapara ne partit pour Paris que le 22.

Son Altesse ajoutait dans sa lettre : « Votre Majesté trouvera peut-être que je lui demande des grâces pour bien des gens, mais j'ose l'assurer que je le fais plutôt pour le bien de son service, que pour l'intérêt de ceux pour qui je parle. Je ne puis, Sire, m'empêcher de vous répéter encore que ce que ses troupes ont fait depuis le commencement du siége jusqu'à la fin, surpasse de beaucoup tout ce qu'on aurait pu attendre d'elles, et tous les soldats ont entré comme moi dans la nécessité de prendre Barcelone. Mais il a fallu beaucoup d'argent pour leur faire oublier les périls et les peines continuelles qu'ils essuyaient tous les jours, et je croirais avoir mal servi Votre Majesté, si j'avais songé à ménager son argent d'une certaine façon, dans une conjoncture comme celle-ci. Nous avons été fort aidés par MM. de la marine, et M. le comte d'Estrées a conduit son affaire avec sa capacité ordinaire.

« J'ai oublié de marquer à Votre Majesté que les dragons ont monté la tranchée depuis les premiers jours du siége, par détachements, et les 15 derniers jours, avec les étendards.

« Je suis obligé de rendre justice au sieur Ferry, et de marquer à Votre Majesté qu'il a servi très utilement pendant le siége. »

˖ Dans un rapport postérieur du 31, son altesse proposait, pour être chevaliers de Saint-Louis, les sieurs Saint-Louis, Robert, Noblesse et Tardif, ingénieurs brigadiers.

M. de Vendosme terminait son rapport en demandant pour lui la confiscation du duché de Cardone, dont avaient joui

autrefois les vice-rois de Catalogne, et qui était à cette époque possédé par M. Medina-Celi, qui, selon toutes les apparences, ne quitterait point le service d'Espagne. « Après avoir
parlé pour les autres, je pense que Votre Majesté ne trouvera
pas mauvais que je lui dise un mot de mes petits intérêts. »
Quincy rapporte que le roi donna à Vendosme cent mille écus
pour payer ses dettes, et augmenta considérablement ses pen-
sions. Le 25, il se fit reconnaître à Barcelone comme vice-roi
de Catalogne.

M. de Vendosme n'avait demandé aucune grâce au roi pour
l'artillerie. N'ayant pu rien voir par lui-même pendant tout le
siège, il en avait cru les plaintes et les rapports qu'on lui avait
faits contre cette arme, à laquelle on ne voulait point tenir
compte des vices de son matériel, dont on a vu les fréquentes
dégradations, et des difficultés qu'elle avait surmontées. Ferry
pousse la passion, dans sa relation qui paraît avoir été écrite
sur les lieux mêmes, jusqu'à dire de M. Dandigné, qu'on de-
vrait lui faire son procès, pour avoir fait désarmer, pendant
le siège, telles batteries utiles, qu'il cite, sans y avoir été autorisé par les ordres de M. de Vendosme, et sans prévenir le
directeur des attaques ; ce qui est un crime contre les lois de
la guerre. Dans une lettre du 2 août, M. de Vendosme fait al-
lusion, en ces termes, aux divisions qui régnaient dans
l'armée :

« Comme je ne doute pas que plusieurs gens de cette armée
n'aient écrit les uns contre les autres, et que je suis persuadé
que cela sera venu aux oreilles de Votre Majesté, je la supplie
très humblement de suspendre son jugement, jusqu'à ce que
j'aie eu l'honneur de lui rendre compte de tout ; car ce ne sera
que par là qu'elle pourra savoir la vérité. Je n'ai, à tout cela,
nul intérêt que celui de votre service, et je n'affectionne personne assez pour vouloir tromper Votre Majesté. »

Enfin, dans un *post-scriptum* d'une lettre du 31 août, M.
de Vendosme dit au roi : « Je me sens obligé de rendre justice
au sieur Dandigné, qui a très bien servi pendant le siège, et

j'ose assurer Votre Majesté que, s'il y a eu quelque petit retardement, il n'est point venu de sa part. »

Toutefois son altesse n'avait point fait payer aux officiers d'artillerie et de bombardiers, selon qu'il était d'usage dans ce temps, les batteries de canons et de mortiers qui avaient été établies pendant le siége. En réclamant ce paiement, le 9 août, auprès du ministre, M. Dandigné dit : « Ils le méritent bien les uns et les autres, et quoiqu'on ait mandé que l'artillerie n'avait point fait son devoir, on a vu par la suite que cela ne pouvait partir que de mauvais esprits (j'en prends à témoin toute l'armée), et de personnes qui y étaient si fort embarrassées de ce qu'ils devaient faire, qu'ils ne savaient où ils en étaient. Ils croyaient ne pouvoir mieux se disculper, qu'en rejetant leurs fautes sur l'artillerie. » Enfin, le 27 août, le ministre fit droit à la demande de M. Dandigné.

État des pertes éprouvées par l'armée.

	OFFICIERS		SOLDATS	
	Tués.	Blessés.	Tués.	Blessés.
1o Officiers et soldats d'artillerie et d'infanterie tués ou blessés depuis le 15 juin, ouverture de la tranchée, jusqu'au 24 juillet, lendemain du dernier jour où l'on soit venu aux mains avec l'ennemi, et le plus terrible du siége.				
Royal-Artillerie, exactement.	1	11	102	146
Infanterie, y compris le bataillon des vaisseaux, exactement.	141	255	2963	3245
Total.	142	266	3065	3391
2o Du 25 juillet au 10 août, par approximation.	3	18	205	226
A reporter.	145	284	3270	3617

	OFFICIERS		SOLDATS	
	Tués.	Blessés.	Tués.	Blessés.
REPORT. . . .	145	284	3270	3617
3º Perte des cinq bataillons des galères, par approximation.	9	24	200	250
4º Perte des dragons, exactement.	25	28	204	327
5º Perte de la compagnie de mineurs, par approximation. . . . . , . . .	2		26	56
6º Commissaires d'artillerie.	6	5		
7º Ingénieurs, exactement.	13	9		
TOTAL GÉNÉRAL. (1) . . .	200	350	3700	4250

Une perte aussi considérable, 52 jours de tranchée, justifient le blâme que Vauban a exprimé sur les attaques de Barcelone, dans la maxime XVII de son Traité de l'attaque des places, où il dit : « La précipitation dans les siéges ne hâte point la prise des places, la recule souvent et ensanglante toujours la scène ; témoin Barcelone, Landau et autres. » On ne saurait nier qu'il se commit des fautes dans les attaques de Barcelone, mais quelle différence de ce siége, pour les difficultés, avec tous ceux sans aucune exception, dont M. de Vauban a dirigé les attaques ! Quelles différences dans les circonstances et dans les moyens d'attaque ! Il est permis de faire ce rapprochement, sans vouloir établir entre M. Lapara et M. de Vauban, un parallèle qui est impossible. Le siége le plus fameux que

---

(1) Il resterait à ajouter les pertes éprouvées par le bataillon de Mique-lets et par la cavalerie ; elles furent faibles.

Vauban ait dirigé est, comme il l'appelait, le triple siége de Namur, en 1692. La ville tint 7 jours; le fort Guillaume 15; le château 7; total 29 jours. Le roi assistait en personne à ce siége; deux armées d'observation le couvraient, la place était parfaitement investie. On y avait conduit 80 pièces de gros calibre; 16 de 12; 3 mortiers de 18 pouces; 32 de 12 pouces; 24 de 8 pouces et 8 pierriers; total, 163 bouches à feu de siége, le double de ce qui était devant Barcelone. Il y eut cinq grandes actions où l'on en vint aux mains avec les assiégés; mais ils se défendirent très mollement dans ces occasions, et M. de Vauban avoue que lorsqu'on entendit battre la chamade au fort Guillaume, on fit faire |silence pour savoir ce qu'ils voulaient dire, parce que l'on ne s'attendait pas encore à ce qu'ils voulussent capituler. Nous perdîmes 1,000 hommes tués, et nous eûmes 1,600 blessés.

L'autorité d'un grade élevé manquait à M. Lapara pour faire prévaloir ses avis. Ce ne fut pas une petite peine pour lui, comme il le dit, que de combattre les sentiments de ceux qui voulaient entreprendre à la légère. L'état de sa blessure ne lui permettait point d'aller à la tranchée et ne lui laissait pas la liberté de la tête, lorsque l'insulte du chemin couvert à laquelle il était contraire fut résolue. Avec quelle constance n'a-t-il pas surmonté les dernières difficultés de l'attaque, dont peu de siéges offrent l'exemple? Il lui était permis de dire : « Il a été assez heureux pour le service du roi, de prendre tous les bons partis qu'il se pouvait, dans le cours et la conduite de ce siége, sans quoi il en serait arrivé d'étranges inconvénients. J'ose espérer que Sa Majesté y fera quelque attention. » (Lettre du 10 août.)

Barcelone pris, l'Espagne signa, le 20 septembre, la paix de Riswick.

SUITE DE LA NOTICE.

En 1698, M. Lapara fut employé au camp d'instruction de
Coudun, près Compiégne. Nous n'avons point de détails sur
ses services pendant cette année et les trois suivantes.

En 1702, il servit à l'armée de Flandre, sous les ordres du
duc de Bourgogne. Le 2 juin, il visita, avec M. de Vauban,
Kaiserswerth, pendant le siége que cette place soutenait. Il
assista ensuite au combat sous Nimègue. L'armée ayant pris,
dans le mois suivant, le camp de Hassum derrière la Niers,
entre Goch sur cette rivière, et Gennep sur la Meuse, il eut
l'occasion de faire construire une tête de pont sur la rive
gauche de la Meuse, pour couvrir deux ponts qu'on avait
établis un peu au-dessus de Gennep, près d'Hesperen (1).
Cet ouvrage consistait dans un front bastionné, de 100 toises
de côté, avec des branches de 30 à 40 toises de longueur, sur
lesquelles étaient pratiquées des sorties, couvertes par des
redans. Devant la courtine était une demi-lune. Des batteries
établies sur la rive droite de la Meuse, qui en cet endroit
forme un rentrant et n'a que 70 toises de largeur, défendaient
les approches de la tête de pont.

M. Lapara présenta à cette époque un mémoire au roi, pour
obtenir la faveur d'avoir un poste dans la ligne, un jour d'action,
comme maréchal de camp. Le commandement du génie sans
faire de siége ne suffisait pas à son activité. Il cita l'exemple de
Vauban qui, en 1689, avait commandé un gros corps de

(1) Quincy, tom. 3, p. 556.

troupes, depuis Menin jusqu'à Furnes, et qui, plus tard, avait commandé à Brest et sur les côtes de Bretagne, pendant quatre campagnes entières, ce qui est plus important, disait-il, que de se trouver en ligne ou de prendre jour. Il cita l'exemple de Choisy, ingénieur, qui, en 1692, lorsque M. le comte de Tallard fut blessé au siége de Rheinfels, commanda en chef l'armée, comme maréchal de camp. Enfin, il rappela qu'il tiendrait toujours sa place aussi utilement qu'il avait fait à plusieurs batailles et combats, où il s'était trouvé.

Dans le mois suivant il passa sous les ordres du marquis de Bedmar, qui commandait un corps d'armée devant Hulst, dans la Flandre occidentale. Il rendit compte, le 28 août, de la prise de plusieurs des forts qui sont en avant de Hulst.

En 1703, M. Lapara servit sous les ordres de Vauban, alors maréchal de France, pendant le siége de Vieux-Brisach. Le duc de Bourgogne, qui commandait l'armée, avait auprès de lui le maréchal de Tallard. Du 17 au 23 août, on fut occupé à établir des ponts sur le Rhin, à faire plusieurs chemins que rendaient nécessaires les flaques et marécages qui sont sur les bords de ce fleuve, enfin aux travaux de la circonvallation qu'on ne fit qu'ébaucher. Le Rhin étant assez haut à cette époque et pouvant encore monter, Vauban regardait comme une nécessité de faire deux attaques, l'une en amont et l'autre en aval : la première pour couper les courants qui entrent dans les fossés ; la seconde pour leur donner de l'écoulement et profiter des avantages que la bizarrerie du côté qui regarde le Rhin, pourrait donner. M. Lapara devait diriger la première, et Dupuy-Vauban, neveu du maréchal, la seconde. Le 21, Vauban, accompagné de M. de Laubanie, lieutenant général, et de Filley et Tarade, fit une reconnaissance détaillée des îles du haut Rhin, et y trouva plusieurs assiettes de batteries avantageuses. Le 22, il résolut de s'en tenir à l'attaque du haut Rhin, et marqua dans une île, l'emplacement d'une batterie de 10 pièces et 6 mortiers, à laquelle M. de La Frézelière, qui la fit construire, donna son nom. M. Lapara fut employé, la nuit du 22 au 23, à faire des logements près de trois redoutes à machicoulis, situées à deux portées de mousquet de la place, et qui auraient vu à revers la droite de l'attaque.

La nuit du 23 au 24, il ouvrit la tranchée avec 1,200 travailleurs. Il prétend que M. de Vauban se décida un peu tard à ne faire qu'une attaque, ce qui fut cause qu'il n'eut pas autant de travailleurs qu'il eût pu en employer. Il y eut un peu de confusion, comme cela arrive presque toujours en pareille occasion. Elle fut causée ici par l'entrecoupement des chemins, canaux, haies et fossés, et par les allées et venues des volontaires. Après la première nuit, M. Lapara se borna à diriger l'attaque de droite ; Dupuy-Vauban dirigeait celle de gauche. Chacun d'eux, dit Vauban, demeurait à son attaque jusqu'à ce que la pose des travailleurs fût faite, puis la quittait et y revenait au point du jour.

La nuit du 1er au 2 septembre, 10e du siége, on passa l'avant-fossé aux deux attaques. M. Lapara fit exécuter ce passage, à son attaque, devant l'angle d'épaule d'une lunette avancée, afin d'éviter les bombes et les poudres qui étaient enterrées au saillant de cet ouvrage.

Le 2, la batterie de La Frézelière avait ouvert dans la face droite du bastion du Rhin une grande brèche, qu'on pouvait aborder en passant sur un batardeau en terre, que l'ennemi avait imprudemment ajouté au batardeau en maçonnerie du même bastion, et qui, ayant 18 pieds de largeur au sommet, pouvait fournir un excellent passage de fossé. En sorte que si l'on n'avait pas été sûr de prendre Brisach en peu de jours, sans exposer beaucoup de monde, on aurait pu donner l'assaut à cette brèche. Le 4, elle avait cinquante toises de largeur. L'attaque directe se continuait. On était occupé aux descentes de fossé, à étendre les logements, à les rendre commodes et à tracer encore deux ou trois batteries, lorsque, le 6, on vint dire au maréchal de Vauban que la place demandait à capituler. Il n'avait pas annoncé une reddition si prompte.

Le ministre lui ayant fait des observations, il répondit : « il n'y a tête d'homme qui puisse juger de la reddition d'une place à quatre jours près ; cela dépend en partie de la fermeté de ceux qui la défendent, en partie de leur industrie et en partie de ce qu'ils y peuvent avoir fait que nous ne connaissons pas. »

Le duc de Bourgogne quitta l'armée. Le maréchal de Tallard la conduisit devant Landau, dont il devait faire le siége. Sa position était changée ; ne voulant pas avoir pour directeur d'attaque un maréchal de France, il avait l'intention de donner ces fonctions à M. Lapara. M. Le Peletier lui fit savoir (lettre du 23 septembre), que le roi avait dit en propres termes qu'il aimait et estimait M. de Lapara, mais qu'il avait résolu de se servir de M. Filley en cette occasion. Cet ingénieur avait moins d'expérience et de réputation pour la conduite des siéges, mais M. de Vauban en faisait cas, et il justifia la confiance que Sa Majesté avait mise en lui. M. Allent rapporte que MM. Lapara et Dupuy-Vauban suivirent le maréchal de Tallard devant Landau.

Le maréchal de Vauban avait rédigé à Strasbourg, dans le mois d'octobre, un avis sur les attaques de Landau. Il vit Filley, pour lequel il avait beaucoup de bienveillance, et lui donna ses instructions. Mais Laubanie, lieutenant général, fit apporter des modifications au projet d'attaque de Vauban. Le maréchal recommandait de commencer par détourner la Queich, ce qui était praticable, le Cornichon n'étant pas construit en 1703 ; il comptait trois jours et trois nuits pour ce travail. On ne l'entreprit pas. On ne prit pas pour front d'attaque celui qu'il désignait. On ouvrit la tranchée la nuit du 17 au 18 octobre. Le 25, l'artillerie, commandée par le plus habile officier de cette arme, M. de La Frézelière, avait entièrement éteint les feux de la place. Les cheminements furent exécutés comme dans un polygone. On ne fit pas de seconde parallèle, mais on fit une 3e et une 4e parallèle et des cavaliers de tranchée. On couronna le chemin couvert, sans perte, à la fin d'octobre. On battit en brèche avec 32 pièces les contre-gardes et le milieu de la courtine. Le premier assaut aux contre-gardes fut manqué. Il y eut là une effusion de sang qu'on eût vraisemblablement évitée en suivant l'avis de Vauban ; c'est pourquoi il a cité Landau avec Barcelone dans la maxime XVII de l'attaque des places. On avait ouvert une brèche dans la courtine, par dessus la tenaille. Mais, commencée trop haut, elle n'était pas praticable. Néanmoins, le 15 novembre, après que l'on se fut établi sur les contre-gardes, et que l'on eut communiqué les logements par la tenaille, la place se rendit.

M. Lapara rédigea à Paris, à la fin de 1703, un mémoire sur les attaques de Turin, dont M. Mengin a fait mention dans son excellente relation du siége de Turin. Ce mémoire était peu détaillé.

Au commencement de 1704, M. Lapara rédigea à Paris deux mémoires, l'un sur ce qu'il y avait à faire pour pénétrer dans le comté de Nice et l'autre sur le siége de Suze. Le ministre Chamillart l'envoya à l'armée de Piémont que commandait le duc de La Feuillade. Il partit, à peine rétabli d'une grosse maladie qu'il avait faite, et arriva à l'armée dans le mois de mai. Les hauteurs de la Brunette dont il était utile de s'emparer pour faire le siége de la citadelle de Suze, étaient fortifiées. Tout le front des retranchements n'était que rochers et précipices, sans un endroit où l'on pût se former. Tous les officiers généraux soutenaient, contre l'avis de M. Lapara, que ces retranchements étaient inattaquables. M. Lapara en fit les approches méthodiquement, et gagna à la sape un emplacement où il établit une parallèle, la nuit du 3 au 4 juin. La nuit suivante, il en établit une seconde qui fut occupée par quatre compagnies de grenadiers. Le 5 au matin, on attaqua le premier retranchement des ennemis. Il fut emporté. M. Lapara, qui suivait avec le duc de La Feuillade la colonne d'attaque, reconnut, le soir du même jour, un plateau favorable pour placer deux pièces de 24, afin de battre la redoute de Catinat qui était à l'extrémité de la hauteur de la

Brunette, et que de nécessité il fallait prendre avant de commencer le siége de la citadelle de Suze. Le 7, cette redoute se rendit, après avoir essuyé quelques coups de canon. Le siége de la citadelle commença. Le 12, le gouverneur fit battre la chamade. Il ne pouvait cependant y avoir de brèche à sa place de plus de trois jours.

Le duc de La Feuillade ecrivit au ministre Chamillart : « Mon cher beau-père, je goûte une joie bien sensible de songer que je réussis dans la première entreprise que le roi m'a fait l'honneur de me confier. Je dois rendre à M. Lapara la justice de vous assurer que c'est à la connaissance particulière qu'il a de tous les environs de cette place, aux soins infinis qu'il s'est donnés pour visiter tous les endroits d'où nous pouvions nous servir avec quelque avantage et à son esprit de fermeté qui le porte à se roidir contre les difficultés, que Sa Majesté doit cet heureux événement. »

M. Lapara dit aussi, que c'est la connaissance parfaite qu'il avait de la place, qui le détermina à en proposer l'attaque par un endroit qui nous en rendit le maître vingt jours plus tôt que nous n'aurions pu faire, si nous l'avions attaquée par son front, qui paraissait, à bien des gens, le plus aisé et le plus facile. Il se loue de M. Chantelou, lieutenant d'artillerie, le meilleur officier de cette arme qui eût passé par ses mains. Ce sont ses expressions.

Chamillart fit nommer M. Lapara lieutenant général, et le manda à Paris, par lettre du 18 juin, pour faire lui-même au roi son remerciement.

A la fin d'octobre 1704, M. de Vendosme vint mettre le siège devant Verrue, avec des moyens d'attaque qui n'étaient pas proportionnés aux difficultés de l'entreprise. On a fait un reproche fondé à Richerand, ingénieur, qui avait sa confiance de ne l'en avoir pas dissuadé. La place de Verrue était forte par sa situation, sur une hauteur de la rive droite du Pô, et par ses fortifications qui ne présentaient qu'un front d'attaque étroit, devant lequel s'élevaient en amphithéâtre, les unes au-

dessus des autres une fausse braie et trois enceintes bastion-
nées. En arrière était un donjon, et au pied du donjon, sur les
bords du Pô, un fort bas et un ouvrage à corne. Enfin Verrue
était le point d'appui de deux camps retranchés : l'un sur la
rive droite, couvrant Verrue, et dont le fort de Guerbignan,
qui en occupait la tête, était la clef; l'autre sur la rive gauche,
à Crescentin, était lié à Verrue par une longue communication. Cette communication était soutenue par des retranchements, et par un fort carré bastionné, placé dans une île qui
partage le Pô en deux bras, dont l'un, celui de la rive droite
sur laquelle on était, avait peu de largeur, peu de profondeur, et n'était pas un obstacle à l'attaque de l'île. Le fort de
Guerbignan soutint quinze jours de tranchée. Les ennemis
l'évacuèrent le 5 novembre. Richerand fut tué à cette époque ;
Tardif, qui le remplaça, commença le siége de Verrue avec
30 bouches à feu. Cette quantité d'artillerie était insuffisante.
Le siége traîna en longueur par défaut d'artillerie, et à cause
de la saison. A la fin de décembre, on était à peine maître du
chemin couvert. On attendait de nouvelles pièces de canon
pour achever de ruiner les trois enceintes.

Saint-Simon peint dans les termes suivants l'état du siége
au commencement de 1705 : « Vendosme, devant Verrue
depuis le 14 octobre, amusait le roi par de fréquents cour-
riers, et par force promesses qui ne s'exécutaient point. L'infanterie y périssait de fatigue et de misère, dans la fange
jusqu'au cou ; et les officiers sans équipage et par conséquent
sans aucun soulagement, contre la rigueur de la saison et du
terrain. L'inquiétude enfin prévalut à cette confiance sans
bornes en M. de Vendosme. Le roi voulut que Lapara, le
premier ingénieur d'alors et lieutenant général, y allât, quoique mal avec M. de Vendosme, pour accélérer ce siége, y
rectifier et y régler, de concert avec ce général, ce qui serait
pour le mieux, et surtout en mander au roi son avis bien en
détail. Lapara en savait trop pour commettre sa fortune à
faire un affront à un homme si puissamment accrédité et ap-

puyé, qui ne lui aurait pardonné de sa vie, et qui lui aurait
détaché Chamillart, M. du Maine et madame de Maintenon.
L'affaire était trop engagée; il trouva tout bien, et fut toujours
d'avis commun avec M. de Vendosme. Lui aussi, content de
sa conduite, et plus embarrassé de jour en jour qu'il ne le
montrait, se laissa enfin persuader que jamais il ne prendrait
Verrue, tant que la place serait en communication avec ce
camp retranché, vidée de morts, de blessés et de malades,
rafraîchie de troupes, de munitions de guerre et de bouche,
à plaisir et à volonté. On était au dernier février, ainsi depuis
quatre mois et demi devant Verrue. Le parti fut donc pris
enfin de faire un effort pour rompre cette communication, avec
laquelle, quoique eût soutenu M. de Vendosme, avec son opiniâtreté et son autorité ordinaires, il était visible que Verrue
ne se pouvait prendre. »

La gloire de M. Lapara n'a pas besoin qu'on lui sacrifie
M. de Vendosme, et les ingénieurs sous ses ordres. Les paroles
de Saint-Simon ne sont pas d'ailleurs si obligeantes pour
M. Lapara; c'est pourquoi nous entrerons dans quelques
détails, pour rétablir exactement les faits.

M. de Vendosme et Tardif n'attendirent pas l'arrivée de
M. Lapara, pour résoudre l'attaque du fort situé dans l'île,
et duquel dépendait la prise de la place. Ils firent commencer
dans le mois de janvier, deux redoutes destinées à appuyer
cette attaque. M. de Vendosme écrivit au roi, le 27 janvier :
« Je fais faire aussi sur notre gauche des batteries pour dix
pièces, qui battront la communication, et sitôt que les palissades du fort carré qui est dans l'île seront rompues, je
compte de me rendre maître dudit fort. *Que Votre Majesté ne
se mette point en peine, je compte de prendre Verrue.* » Le même
jour Vendosme écrivait à Chamillart : « Je connais l'importance de cette affaire-ci, et je vous promets que je la mènerai
à bonne fin. Si j'avais eu du canon plus tôt, cela aurait été plus
vite. » Cependant le ministre que ces promesses ne satisfai-
saient pas entièrement, demandait dans le même temps des

renseignements à Lozières d'Astier. « On m'écrit si différemment de ce siége que je ne sais plus qu'en croire, les uns m'assurent que l'on manque de tout, les autres disent que l'on ne manque de rien. Ce qui est certain, c'est que l'on y a beaucoup plus consommé de munitions qu'il n'en aurait fallu pour réduire cette place, si elle avait pu être investie entièrement. L'usage de prendre des places défendues par des armées, n'est pas bon à répéter. Il faut une grande supériorité pour y réussir. »

Cependant vers la fin de janvier, le roi donna l'ordre à M. Lapara de rejoindre M. de Vendosme, et écrivit à son altesse : « Quoique je vous aie laissé maître de faire joindre Lapara, j'ai néanmoins lieu de croire que vous serez bien aise de l'avoir près de vous. Il est plein de bonne volonté et d'expérience, et vous pourra être d'une grande utilité. » M. Lapara prit la route du Valais, et reçut à Brig, au pied du Simplon, la lettre suivante de M. de Vendosme, datée du 28 janvier.

« Lavallée, Monsieur, vient de me rendre votre lettre, par laquelle je vois avec un très sensible plaisir, que celle-ci vous trouvera à Briga. Ne tardez pas un moment, je vous prie, sitôt que vous l'aurez reçue, pour vous rendre en toute diligence ici, car j'ai un extrême besoin de vous ; je ne vous parle point de l'état de notre siége, puisque j'espère que vous le verrez dans peu de vos propres yeux, et j'espère aussi que ceci finira dans le mois prochain ; cependant nous avons encore de grandes difficultés à surmonter ; c'est ce qui fait que votre arrivée me donnera beaucoup de joie, étant bien aise d'avoir avec moi, un homme que j'estime autant que vous. Rendez-vous donc, je vous prie, le plus tôt que vous pourrez auprès de moi. Mauroy, votre ancien ami (maréchal de camp), se prépare déjà à vous recevoir chez lui, et de mon côté, vous connaîtrez que je suis toujours, plus que personne, très parfaitement à vous,

VENDOSME. »

Le voyage de M. Lapara ne fut pas heureux. En descendant
à pied une montagne glacée, il fit une chute sur les reins, dont
il se ressentit longtemps. A Cazal, le duc de Mantoue donna
à ses valets un guide qui les égara. Ils furent pris par des hus-
sards ennemis. Il perdit tous ses effets , et ce qui lui fit plus
de peine, des papiers et des mémoires. Il arriva le 9 février,
entre 7 et 8 heures du matin, et sans perdre de temps, alla
mettre pied à terre à la tranchée, la visita entièrement, et se
présenta ensuite, vers le midi, à M. le duc de Vendosme.
« Ce prince me reçut, dit-il, aussi favorablement qu'il m'ait
reçu de sa vie ; c'est à quoi je m'attendais. » M. Lapara retourna le lendemain à la tranchée, et soumit son projet à M. le
duc de Vendosme, qui l'approuva.

On était logé dans le fossé de la première enceinte, parallè-
lement aux brèches qui y avaient été faites. On avait creusé
dans ce fossé un puits profond, d'environ dix-huit pieds, pour
être en état de découvrir et de faire souffler les mines que
les ennemis auraient pu faire pendant l'interruption des travaux, causée par le mauvais temps. Il était tombé une quantité considérable de neige. Tout ce que l'on pouvait faire,
était de suffire à l'enlever de la tranchée qui en aurait été
inondée, lorsque le dégel serait survenu. On attendait de
nouvelles pièces de 24, de Gênes , dont on avait besoin pour
perfectionner les brèches ouvertes dans les trois enceintes.
M. Lapara détermina M. de Vendosme à adopter le projet
d'attaquer en même temps le fort de campagne qui était dans
l'île, et les trois brèches, dès qu'elles seraient en état, malgré
les mines qu'on disait exister sous leurs décombres. Le fort
qui était dans l'île avait peu de relief ; le sol bas de l'île
n'avait pu fournir les terres nécessaires pour l'élever. La tête
de pont sur le grand bras du Pô, n'était défendue que par
des palissades. On devait se conduire dans l'attaque des
brèches, de manière qu'avant que les colonnes fussent arri-
vées au pied, l'ennemi eût fait jouer les mines qu'il avait
préparées.

Le plus grand service que rendit M. Lapara, fut de tout disposer de manière à assurer la réussite de ce projet. Il fit travailler à quatre galeries ou rampes, pour entrer dans le fossé du front de l'attaque. Les ennemis avaient fait jouer une si grande quantité de mines sous le chemin couvert, au bord du fossé, que l'on ne savait comment se débrouiller et pénétrer dans ce maudit terrain ; car on ne saurait avoir trop d'accès, disait-il, dans un fossé où il faut qu'un corps de troupes et de travailleurs passe, aille et vienne incessamment. Il reconnut que la fausse braie n'avait pas été battue assez bas, et fit remettre 2 pièces de canon en batterie sur le chemin couvert, pour remédier à cet inconvénient. Il donna de meilleures instructions que celles qu'on suivait pour le service de l'artillerie. Enfin ce qui trompa l'ennemi, ce fut une fausse attaque dirigée contre le fort bas, situé au-dessous du donjon. Il crut qu'elle avait pour objet de couper la communication de Verrue avec le camp retranché, et négligea la défense du fort situé dans l'île.

Le 24 février, on ouvrit le feu. Il y avait à la droite, sur l'ancien front d'attaque, 20 pièces de canon et 8 mortiers, et à la gauche, 9 pièces et 4 mortiers. Il fallut plusieurs jours pour perfectionner les brèches qui avaient été faites dans les enceintes supérieures, où l'ennemi avait eu la facilité d'enlever une partie des décombres. On établit un pont sur le bras du Pô, en amont de Verrue, à une petite demi-lieue du fort. Le 28, tout était prêt. M. Lapara rédigea le dispositif de concert avec M. de Vendosme. Il fut résolu que l'on attaquerait, le 2 mars, entre 2 et 3 heures du matin. Mais l'on donna rendez-vous pour la veille, à 9 heures du soir, à toutes les troupes et à tous les grenadiers commandés pour l'attaque du fort, à une redoute où était établi le pont pour passer dans l'île. M. Lapara s'y trouva à 9 heures, avec MM. de Vaubecourt et de Mauroy ; ils firent défiler les troupes, et les formèrent selon l'ordre qu'elles devaient tenir pour attaquer. M. de Vendosme arriva sur les 11 heures, et ordonna de faire marcher devant leur front 50 officiers formant une chaîne dans toute la largeur de l'île, pour empêcher que quelques déserteurs n'avertissent les ennemis. Il était près d'une heure après minuit lorsqu'on s'ébranla, ayant fallu beaucoup de temps pour l'arrangement des colonnes, au nombre de cinq. Le terrain de l'île étant, d'ailleurs, mauvais et rempli de sillons et de buissons, on marcha lentement, afin d'éviter le désordre assez ordinaire dans les attaques de nuit. On arriva heureusement à la demi-portée des ouvrages des ennemis sans être découvert. Il était alors près de 3 heures; 12 compagnies de grenadiers, que suivaient 200 travailleurs et que devaient soutenir 11 bataillons, attaquèrent le fort. Chaque compagnie de grenadiers avait 5 échelles, 10 haches et 60 grenades. On ne fit pas usage des échelles. 100 travailleurs portaient des gabions, 100 portaient des fascines, et chaque soldat des bataillons portait en outre une fascine. Tout ce qui était dans le fort et dans une redoute située au centre, fut pris ou tué. Dans le même temps, 6 compagnies de grenadiers, suivies de 60 travailleurs et soutenues par 3 bataillons, se dirigèrent sur le retranchement de la tête du pont; elles y entrèrent en passant dans le Pô, au-dessous des palissades, et rompirent le pont des ennemis. On avait eu, en outre, la précaution d'amener 8 pièces de campagne, pour battre la communication avec Crescentin.

Le dispositif pour l'attaque des brèches n'eut pas le succès qu'on en attendait. 2 lieutenants de grenadiers pénétrèrent vainement, avec quelques hommes, jusque dans la seconde enceinte; l'ennemi ne fut pas la dupe de ce simulacre d'attaque, et ne mit le feu à aucun de ses fourneaux de mines.

Cependant le duc de Vendosme, avec cette confiance que Saint-Simon lui reproche, annonça au roi qu'il ferait sommer la place dans 1 jour ou 2, et qu'il ne doutait point de sa reddition. Il n'en fut point ainsi. Son altesse prit alors le parti de construire une ligne de contrevallation dans l'île, pour empêcher le duc de Savoie de retirer une partie des troupes qui étaient dans Verrue. On pensait qu'abandonnée à elle-même, la garnison capitulerait. Mais, de son camp de Crescentin, le duc de Savoie continuait à lui envoyer ses ordres, soir et matin, dans des bombes non chargées ; les assiégés lui répondaient en renvoyant des bombes et faisant un signal auparavant.

Le 11 mars, le duc de Savoie abandonna Crescentin. Les brèches des trois enceintes étaient praticables. Mais il fallait s'attendre à essuyer l'effet des mines, à perdre plusieurs des meilleurs soldats, si on livrait assaut ; le duc de Vendosme préféra de changer le siége en blocus. Ajoutant foi au rapport des déserteurs, qui annonçaient que les assiégés étaient réduits à 9 onces de pain par jour, le 15, il écrivit au roi : « Nous les aurons dans peu prisonniers de guerre, sans qu'il nous en coûte un seul homme. » M. Lapara, qui ne faisait pas d'ordinaire grand fond sur les récits des déserteurs, pensant que le blocus pourrait être plus long que M. de Vendosme ne se le persuadait, fit un dispositif pour attaquer les trois brèches et se loger sur le talus du cavalier qui était au-dessus. Mais le roi avait approuvé le projet de réduire Verrue par la famine. Le 28, on arrêta un soldat ennemi qui sortait de Verrue, et qui était chargé d'avertir le duc de Savoie que les mines étaient prêtes à jouer, et qu'après qu'elles auraient joué, la garnison abandonnerait la place. Sur cet avis, le duc de Vendosme fit redoubler de précaution pour déjouer ce projet. Enfin, le 9 avril, le gouverneur fit mettre le feu aux mines, et se retira dans le donjon où il capitula (1).

Ce long siége coûta 994 hommes, qui furent tués. Le nombre des blessés fut de 1,953.

---

(1) Dans le mois de mai, on démolit les fortifications de Verrue, partie par la mine, partie à la sape, soutenant les revêtements avec des étais auxquels on mettait le feu ; cette méthode, aussi rapide que l'autre, fut trouvée plus économique.

Après la prise de l'île, M. de Vendosme avait voulu écrire au roi pour le supplier d'accorder à M. Lapara des grâces ou quelque distinction. « Je l'ai prié de restreindre toute chose, dit M. Lapara, à lui témoigner seulement qu'il venait d'être content de moi. Car si Sa Majesté ne me faisait pas quelque bien et ne me procurait pas les mêmes distinctions qu'elle a accordées à des ingénieurs qui étaient après moi et qui avaient servi sous moi, ce ne serait pas manque qu'elle ne sait parfaitement mes services, la quantité de siéges auxquels j'ai assisté, le nombre de ceux que j'ai conduits en chef, et le nombre de choses périlleuses et difficiles qu'elle m'a confiées. » M. Lapara fut félicité, mais il ne reçut aucune grâce. Il était mécontent ; il s'en ouvrit au ministre, et lui représenta que, depuis 12 ans, il était réduit à un petit gouvernement de 2,840 livres de revenus, tandis que des ingénieurs auxquels le roi n'avait jamais rien voulu confier, avaient de grands gouvernements et des cordons rouges. Ces ingénieurs étaient Mesgrigny et Dupuy-Vauban, dont les services ne pouvaient pas être mis en parallèle avec les siens, et qui, cependant, depuis 10 ans, étaient commandeurs de Saint-Louis.

M. Lapara fut dédommagé de cet oubli par le commandement en chef du siége de la Mirandole, où le prince Eugène avait mis garnison, pour avoir un point d'appui dans le Bas-Mantouan, derrière la Secchia. Il arriva devant la Mirandole le 18 avril, trouva que la place n'était pas resserrée, et résolut d'isoler le fort La Motte, qui en était assez éloigné. La garnison de ce fort, voyant sa communication avec la place menacée, se hâta de l'évacuer le 20 ; mais elle tomba dans une embuscade et fut faite prisonnière.

M. Lapara n'avait sous ses ordres que 9 bataillons et 4 escadrons. L'équipage de siége consistait en 4 pièces de 24, 5 de 22, 2 de 20, 3 de 18, 1 de 16, 1 de 14, 2 de 12 et 5 mortiers, en tout 23 bouches à feu ; 800 pioches, 1,600 pelles, 120 haches, 600 serpes et 6,000 sacs à terre. Les pièces étaient approvisionnées à 500 coups chacune. Les environs de la place offraient du bois en abondance pour faire des fascines. En acceptant le commandement qui lui était confié, et voyant l'exiguité des moyens qui étaient à sa disposition, il avait écrit : « Je m'attends, comme par le passé, d'être condamné aux dépens. Ce n'est pourtant pas comme dupe que je le fais, mais c'est mon tempérament et mon zèle qui m'y convient. »

La Mirandole était une petite place bastionnée, dont les fossés étaient pleins d'eau. Elle avait 1000 hommes de garnison sous M. de Kœnigsegg.

Le 20, M. Lapara employa 600 paysans à mettre tous les accès de la queue de la tranchée en état de pouvoir y aller à couvert, parce que le terrain est très ras. Il ne fit qu'une ouverture de tranchée. Son attaque fut simple et ingénieuse, mais ne pourrait pas servir de modèle. Un seul cheminement, flanqué par des bouts de places d'armes, conduisait jusqu'à un point, à 100 toises du milieu du front, où il se bifurquait en deux demi-parallèles, qui embrassaient le chemin couvert, en passant à 60 toises de ses saillants. Ce travail fut l'ouvrage de quatre nuits. Il établit les batteries sur ces parallèles, mais il survint une pluie qui dura trois jours, et qui en retarda la construction. Il fallut faire venir de Modène des pelles de bois pour vider l'eau des tranchées. L'artillerie ouvrit son feu contre la place le 29 ; jusque-là elle n'avait pas tiré un coup. Le peu de munitions que l'on avait, commandait qu'on les ménageât.

La nuit du 3 au 4 mai, quinzième du siége, M. Lapara fit conduire quatre pièces sur le chemin couvert, pour ruiner le flanc qui battait le fossé plein d'eau dont il devait faire le passage. Il fit en même temps travailler à trois galeries blindées qui passaient sous la palissade du chemin couvert, et qui devaient conduire sur le bord du fossé. La place se rendit le 11 mai. La garnison fut prisonnière de guerre.

M. Lapara fit présenter au roi onze drapeaux. Les deux Vendosme louèrent l'habileté qu'il avait déployée. Philippe, le grand Prieur, écrivit à Sa Majesté : « Pour M. Lapara, toutes les troupes du siége rendront aussi bien que moi, témoignage à Votre Majesté, de la manière sage et hardie dont il a conduit ce siége. » M. de Vendosme termina sa dépêche par ces mots : « On ne peut conduire un siége plus sagement ni avec plus de capacité, que M. Lapara a conduit celui de la Mirandole. » Mais ce n'était pas une faveur que de servir sous le grand Prieur. Mauvais général, accablé de besoins, à raison des dépenses qu'il faisait, il était l'objet constant de la sollicitude de son frère, qui, pour lui faire obtenir des grâces du roi, saisissait toutes les occasions de relever ses services. M. de Vendosme fit le plus grand éloge des dispositions que le grand Prieur avait prises, pour qu'il ne manquât rien au siége de la Mirandole. Le roi félicita MM. de Vendosme, et ne dit que ces mots de l'ingénieur : « Je vois avec plaisir que tout ce qui vous est revenu du siége de la Mirandole, est à l'avantage de Lapara. »

Fatigué et incommodé par la goutte, M. Lapara avoua au ministre que sa bonne volonté était émoussée, et qu'il souhaiterait repasser en France, s'il n'était retenu par la crainte de déplaire à M. de Vendosme. Chamillart, qui sentait le besoin qu'il avait de l'ingénieur, pour le siége de Turin, réservé au duc de La Feuillade, lui écrivit qu'il serait son solliciteur auprès du roi, pour lui procurer un meilleur gouvernement que celui de Niort, et quelque distinction dans l'ordre de St-Louis.

Le prince Eugène fit à cette époque, le 12 mai, une tentative feinte ou réelle pour passer le Mincio à Salionze ; son projet était de joindre ses forces à celles du duc de Savoie. Il échoua complétement, et résolut, pour opérer cette jonction, de faire un grand mouvement qui ne devait point laisser de doute sur ses intentions. Il marcha vers le nord, s'embarqua avec toute son infanterie sur le lac de Garda, traversa ce lac, et débarqua près de Salo. Il prit position entre Salo et Gavardo, sur la Chièse, où il appuya sa droite. Sa cavalerie fit un grand détour pour venir le joindre. M. de Vendosme marcha de son côté avec toutes ses forces, entre la Chièse et

7

le lac de Garda, et prit position le 23, à Moscoline, appuyant sa gauche à la Chièse.

Il crut si bien avoir mis le prince Eugène dans une mauvaise situation, qu'il écrivit au roi : « Le prince Eugène n'ira pas si vite en besogne qu'il croyait, et je suis persuadé qu'il voudrait être encore à Vienne. » Cependant, dans le fond, sa confiance n'était pas si entière, car il écrivait dans le même temps, au prince de Vaudemont : « On ne peut répondre de rien avec le prince Eugène. » En effet, les montagnes qui séparent la vallée de la Chièse de celle de la Mella, n'étant rien moins qu'infranchissables, l'ennemi pouvait marcher par sa droite, forcer le débouché de la Mella, qui n'était gardé que par un détachemhent, à Nave, sous M. de Toralba, et, continuant à marcher par sa droite, prévenir l'armée française sur l'Oglio. M. de Vendosme quitta, le 28, le camp de Moscoline, et alla se mettre à la tête de l'armée de Piémont, pour entreprendre le siége de Chivas sur le Pô, à 50 lieues de Moscoline. On regardait la prise de cette place comme nécessaire pour faciliter les opérations du siége de Turin, qui était l'unique objet de la campagne. M. de Vendosme laissa le commandement de l'armée de Lombardie à son frère. Ce n'était pas prudent de sa part, connaissant le prince Eugène, et ne devant pas s'aveugler sur les talents militaires du grand Prieur. Celui-ci quitta, le 29, Moscoline, et alla, accompagné de M. Lapara, reconnaître le poste de Nave, et les montagnes que l'ennemi aurait à traverser, pour s'y porter de Gavardo. Nave ne lui parut pas tenable ; M. de Toralba ne tarda pas à l'abandonner. M. Lapara jugea, suivant ses faibles lumières, qu'il n'y avait rien de mieux à faire que de se mettre en mesure d'arriver assez à temps sur l'Oglio, pour en disputer le passage à l'ennemi. Il revint, le 30, avec le grand Prieur, et renvoya les ingénieurs espagnols derrière cette rivière, pour perfectionner les retranchements que l'on y avait faits depuis Palazzolo. De sa personne il se rendit à Milan, devant bientôt prendre la direction des attaques de Chivas. Sa dernière lettre

de Moscoline fait mention de la belle défense de la cassine
de la Bouline, dont Folard a donné une relation intéressante,
mais qui a le défaut d'être chargée de trop de détails per-
sonnels et accessoires.

Sur la rive droite de la Chièse, entre cette rivière et le pied
des montagnes, est une plaine étroite, où l'ennemi envoyait
tous les jours ses fourrageurs, à la vue de l'armée française,
postée sur les hauteurs de l'autre rive. Cette plaine est coupée
dans sa longueur par un canal ou naville qui va de Gavardo à
Brescia, et sur lequel, à la hauteur de Moscoline, est un
pont en pierre. A 100 mètres au-delà de ce pont, est la cassine de la Bouline ou la Bollina. L'intervalle entre le canal et
la Chièse est d'environ 250 mètres. Avant son départ, Philippe de Vendosme avait ordonné de faire un pont de bateaux
sur la Chièse. Ce pont fut achevé le 31 au matin, et sur-le-
champ un détachement de 500 hommes de cavalerie passa la
Chièse et le naville, tomba sur l'escorte des fourrageurs de
l'ennemi et la mit en fuite. Après midi, 2 compagnies de grenadiers occupèrent la cassine, d'où elles firent encore feu sur
les fourrageurs de l'ennemi. Le lieutenant général de jour,
M. de Mursay, fut chargé de faire élever un ouvrage de fortification pour couvrir le pont sur la Chièse, et de joindre ce
pont à celui sur le naville, par un retranchement. Ces travaux
devaient être exécutés pendant la nuit, et protégés par 6
compagnies de grenadiers, 300 fusiliers, 200 dragons à pied
et 400 chevaux. M. de Mursay renforça le poste de la cassine
de 2 autres compagnies de grenadiers, et n'entreprit que le
retranchement.

Les compagnies de grenadiers n'étaient fortes que de 50
hommes, à cette époque de la campagne.

La cassine consistait dans une cour rectangulaire, close par
des murs auxquels étaient adossés divers bâtiments de ferme.
Elle avait 2 portes; l'une, du côté du canal, et l'autre, du
côté opposé. Elle nous donnait trop d'avantages sur l'ennemi,
pour qu'il ne tentât pas de nous en chasser. En effet, le 31,

à 11 heures de la nuit, il la fit attaquer par environ 1,500 hommes, qui, après avoir enfoncé à coups de canon la porte qui était de leur côté, et coupé l'autre à coups de hache, entrèrent en foule dans la cour. Les défenseurs eurent à peine le temps de faire deux décharges par les créneaux. Ils disputèrent quelques instants aux ennemis, à coups de fusil et de baïonnettes, l'entrée de la porte qui était du côté du canal. C'est là qu'était Folard. Dans ce moment, le capitaine La Tour–Fraguier donna le premier l'avis aux autres capitaines de se retirer dans les premiers et deuxièmes étages des bâtiments, et de faire ferme jusqu'à ce qu'il leur arrivât des secours. Là, ils rejetèrent toutes les propositions de se rendre, méprisèrent les menaces du feu, et continuèrent à faire tirer des fenêtres sur l'ennemi. Cette situation dura 3 heures. La conduite des troupes françaises, dans cette circonstance, leur fera éternellement honneur, et la défense de la cassine de la Bouline sera toujours citée parmi les plus belles défenses de postes, en y joignant, si l'on veut, tous les détails de Folard.

Cependant M. de Mursay avait fait une tentative pour secourir les 4 compagnies, mais, trouvant la cour et toutes les avenues occupées par l'ennemi, il se borna à entretenir une fusillade de l'autre côté du naville, attendant le renfort de 3 bataillons de la marine. 2 bataillons passèrent sur-le-champ le pont sous le feu de l'ennemi, et forcèrent l'entrée de la cassine. La mêlée fut sanglante. Le grand Prieur en personne amena un autre renfort, dont la vue acheva de déterminer le prince Eugène à abandonner entièrement son attaque. Les Impériaux laissèrent 220 morts sur le terrain, et n'eurent pas moins de blessés. Notre perte en tués et en blessés fut à peu près égale.

Folard avait d'abord été oublié dans les rapports qui furent envoyés sur cette affaire. Le 6 juin, le grand Prieur écrivit : « J'avais oublié dans mon mémoire *le pauvre petit Folard*, qui se jeta de bonne volonté dans la cassine, où il demeura pendant toute l'action ; les capitaines de grenadiers ont été très contents de lui. Cela mériterait bien que le roi l'honorât de quelque petite récompense (1).

Ce succès augmenta la confiance que Philippe de Vendosme avait dans ses troupes et dans sa position. Il écrivit : « Si M. le prince Eugène avait été à l'école de M. de Turenne, il aurait appris qu'il n'est pas sensé à un général d'émousser au commencement d'une campagne, mal à propos, la vivacité de son infanterie. » Cependant le général ennemi avait ouvert des chemins dans les montagnes, et s'était renforcé à Nave. Le grand Prieur en était informé, et ce serait faire injure aux lumières de ce prince, que de croire qu'il n'avait pas pénétré le projet de son adversaire. Il savait très bien que pour arriver sur l'Oglio, il avait exactement le double de chemin à faire que le prince Eugène. Son tort fut de croire que M. de Toralba, avec 7 bataillons et 7 escadrons espagnols, pourrait défendre le passage de cette rivière. Les retranchements que l'on avait faits, n'étant pas occupés par des troupes suffisantes, ne servirent à rien, et faillirent même compromettre ces troupes. La nuit du 20 au 21 juin, le prince Eugène acheva de lever ses postes et abandonna Gavardo. Il se porta à Nave et déboucha dans les plaines de Brescia ; il ne profita pas de ses avantages, et n'arriva que le 27 sur l'Oglio, qu'il passa le lendemain, près d'Urago. Le grand Prieur exécuta alors un mouvement retrograde qui ruina les affaires du roi en Italie, pour toute la campagne, et fit ajourner à l'année suivante le siége de Turin. Ce prince, estimable par ses qualités comme homme, n'avait point sollicité le commandement en chef de l'armée de Lombardie, et reconnut qu'il avait fait des fautes. L'exemple ne serait pas moins instructif, si l'expérience pouvait servir de leçon, pour empêcher d'accorder aux considérations person-

(1) Nous n'avons aucune raison pour vouloir déprécier les services de Folard, mais l'importance qu'il se donne dans cette occasion est outrée.

nelles, l'influence qu'elles n'ont que trop souvent sur le choix des hommes, pour des postes éminents.

Après s'être assuré qu'il n'y avait plus aucun ennemi à Salo ni à Gavardo, Philippe de Vendosme se dirigea, le 21, sur Montechiaro, où il avait déjà envoyé un détachement. Le 24, il passe la Mella, et s'arrête 3 jours à Manerbio sans prendre aucun parti. Le 27, il se décide à aller chercher un passage sur l'Oglio à Pontevico, et arrive, en deux marches forcées, à Soncino. Enfin il abandonne ce point important, passe le Serio à Créma, et prend position à Ombriano. Pendant cette retraite de 20 lieues, l'armée se livra au désordre, quoiqu'elle n'eût éprouvé aucun échec. M. de Vendosme vint reprendre le commandement de l'armée de Lombardie, avec un renfort de 10 bataillons et de 7 escadrons. Il arriva, le 14 juillet, à Ombriano, passa le Serio et attaqua l'ennemi, sur qui il remporta un avantage. Le grand Prieur passa l'Oglio à Gazzolo, au-dessous de Soncino.

Les deux armées restèrent en présence, entre l'Oglio et le Serio jusqu'au 10 août, que le prince Eugène, quittant Romanengo, marcha par sa droite pour se porter sur le Haut-Adda. Nous donnons ce nom à la partie du cours de l'Adda qui est au-dessus de Cassano. Cette partie de la rivière était gardée par M. de Broglie; il n'avait sous ses ordres que 4 bataillons et un régiment de cavalerie, mais il avait fait retrancher solidement le pont de Cassano. Le 11, à 6 heures du soir, M. de Vendosme quitta l'armée avec 4 régiments de dragons, et se dirigea à marches forcées sur le Haut-Adda, par Créma et Lodi. Il donna l'ordre à son frère, à qui il laissa le commandement de l'armée, de la mettre en marche par Créma et Agnadello, et de l'établir entre Cassano et Rivolta; singulière situation de deux armées, dont l'une, tandis qu'elle cherche à passer sur la rive droite de l'Adda, est suivie en queue par l'autre qui est sur la rive gauche. M. de Vendosme arriva, le 13, à Cassano, à 9 heures du matin; ne pouvant douter du projet de son adversaire, il se fit joindre par 15 bataillons, qui, passant par Cassano, arrivèrent, le 15, à Cornate, en face du point, à 4 lieues au-dessus de Cassano, où, la veille, le prince Eugène avait fait commencer à jeter un pont. La situation était favorable pour protéger l'établissement d'un pont, mais après avoir passé, on ne pouvait pas se former. Il était évident que l'ennemi ne donnerait pas suite à son entreprise. En effet, le 16, M. de Vendosme apprit que le prince Eugène avait levé son camp et se dirigeait sur Triviglio. Devinant son nouveau projet, il revint en toute hâte à Cassano, où il trouva la plus grande partie de l'armée que son frère y avait conduite. Il la mit en marche sur deux colonnes, pour lui faire prendre la position qu'il avait indiquée, entre Cassano et Rivolta, la gauche appuyée à la tête de pont de Cassano, le dos à l'Adda, mais le front couvert par la Roggia Cremasca, naville qui sort de l'Adda, à un kilomètre au-dessus de Cassano. C'est dans cette situation que l'armée française reçut le combat, le 16, à deux heures après midi. Après avoir forcé le pont du naville, sur la route de Triviglio à Cassano, qui était gardé par le régiment de Marine faisant l'arrière-garde, l'ennemi attaqua notre gauche, et y jeta le désordre au point qu'une partie repassa le pont de Cassano, entraînant M. Vendosme. Mais ce prince, par sa valeur, sa fermeté, sa présence d'esprit et l'activité qu'il déploya, répara le mal ; les 15 bataillons qui étaient sur le Haut-Adda arrivant à temps, l'ennemi, attaqué à son tour, fut rejeté au-delà du naville, avec une perte considérable des siens. Le prince Eugène reforma son armée à Triviglio. La position de M. de Vendosme avait été d'autant plus critique, que le grand Prieur, qui était à l'extrême droite, à Rivolta, à une lieue et demie du champ de bataille, avec une brigade d'infanterie et deux brigades de cavalerie, ne bougea pas, le vent, qui était contraire, l'ayant empêché d'entendre le bruit du canon. Son inaction causa sa disgrâce ; le roi le rappela.

M. de Vendosme n'était pas aussi heureux dans les siéges. Celui de Chivas qu'il avait entrepris, après avoir quitté le camp de Moscoline, avait traîné en longueur. L'investissement avait été manqué. Pour le faire, il fallait couper la communication de la place avec la rive droite du Pô, sur laquelle les ennemis avaient un camp, et à cet effet, forcer deux cassines qui étaient à la tête de leur pont sur le Pô. On les attaqua vainement une première fois, avant l'ouverture de la tranchée, qui eut lieu la nuit du 19 au 20 juin. M. Lapara arriva le 24. Douze pièces de canon étaient prêtes à battre les cassines ; on les canonna pendant quatre jours. M. de Vendosme passa ensuite le Pô, avec 13 compagnies de grenadiers et 5 bataillons, et les attaqua de nouveau. Il échoua, parce que les chemins qu'il fallait tenir pour arriver à ces cassines, étant remplis d'abatis, on ne put pas surprendre l'ennemi, dont le camp se liait aux cassines par de bons postes, depuis Castagnole jusqu'au pont. Ces postes occupaient la crête d'une hauteur. Castagnole était fortifié. M. de Vendosme, opiniâtre dans ses résolutions, voulait tenter une troisième attaque. M. Lapara l'en dissuada, et proposa de faire d'une manière régulière les approches de Castagnole et des cassines, ne fût-ce que pour tenir en échec les troupes de la rive droite du Pô, pendant que l'on ferait le siége de Chivas.

Ce projet fut adopté, mais plusieurs causes contribuèrent à rendre le siége long : la situation de Chivas dans une plaine basse, noyée par les eaux, les vices du matériel de l'artillerie, le mauvais choix du front d'attaque, qui avait eu lieu avant l'arrivée de M. Lapara, et dans lequel le duc de Vendosme persévéra. M. Lapara insista vainement avec vivacité pour attaquer Chivas par le faubourg. Son Altesse s'en fâcha. Enfin la présence d'une armée de secours, rendit nécessaire une ligne de circonvallation, en aval de la place, pour couvrir le côté par lequel on conduisait l'attaque.

M. de Vendosme remit le commandement du siége, le 12 juillet, au duc de La Feuillade, et se rendit à l'armée de Lombardie où sa présence était nécessaire. Le 23 juillet nous étions logés sur le chemin couvert, notre canon avait fait brèche, et les cassines étaient menacées de sauter par des fourneaux de mines, chargés de 3,000 livres de poudre.

La nuit du 26 au 27 juillet, trente-huitième du siége, le duc de La Feuillade en remit le commandement à M. Lapara, et passa l'Orco avec une partie des troupes, pour marcher aux ennemis. La même nuit, les assiégés brûlèrent l'épaulement du passage du fossé, avec lequel on soutenait le mineur qui était attaché au bastion de la droite de notre attaque, pour en perfectionner la brèche. Enfin, la nuit du 29 au 30 juillet, quarantième du siége, la place n'étant plus investie, les assiégés l'abandonnèrent et toutes les hauteurs, après avoir mis le feu à leur pont de bateaux.

Telle fut l'issue de ce siége mal entrepris. « Il faut venir au fait, disait M. Lapara, et convenir, quelque chose qu'on ait dit de Chivas, que c'est une besogne bien dure de prendre une place qui n'est pas investie, si mauvaise qu'elle puisse être. » L'artillerie y consomma 25,000 boulets de 24, 16,000 de 8, 26,000 bombes de 12 pouces, plus de 275,000 livres de poudre, 20,000 livres de plomb, 9,000 outils et 37,700 sacs à terre.

Pendant ce siége, le gouvernement de Landrecies, qui valait 10,000 livres de revenu, devint vacant et ne fut pas donné à M. Lapara, malgré les promesses qui lui avaient été faites. Il résolut de n'être plus importun, n'étant pas naturel, disait-il, de vouloir entrer en paradis par force. Il demanda au ministre la permission d'aller aux eaux de Bourbon, pour rétablir sa santé altérée par les fatigues.

L'histoire du siége de Turin commence vers cette époque. M. Lapara écrivit, le 1er août, au ministre Chamillart, pour lui recommander de ne pas encore entreprendre le siége de Turin. Il lui disait qu'à mesure que ce siége marcherait en avant, on verrait que les difficultés se multiplieraient; que les conjonctures n'étaient pas favorables, et que notre infanterie était si faible, qu'il n'osait le dire. M. de Vendosme était d'un avis contraire. Après la bataille de Cassano, il écrivit à Cha-

millart : « On prend toujours les places quand on veut, lorsqu'il n'y a point d'armée capable de venir combattre celle
qui fait le siége (il répondait de contenir le prince Eugène),
et quelque difficulté qui se rencontre dans ces sortes d'entreprises, il n'est question que d'un peu plus ou un peu moins
de temps (1). Je ne suis point surpris que M. Lapara pense
comme il fait, ces sortes de choses passent sa portée, et cela
est fort au-dessus des supputations mathématiques. En un
mot, si le roi voulait consulter quelqu'un pour se déterminer
en pareille occasion, M de Turenne, s'il vivait, n'y serait pas
trop bon. M. de Vauban demande 80,000 hommes. Vous
voyez par là combien ces Messieurs sont loin du fait. » Le duc
de La Feuillade pensait que l'armée sous ses ordres serait en
état de rentrer en campagne dans le mois de septembre.
Chamillart et M. Lapara échangèrent encore plusieurs lettres ;
le ministre insistait pour que M. Lapara ne quittât pas l'armée.
« Je crois que vous aimez trop M. de La Feuillade pour l'abandonner dans une conjoncture où sa gloire n'est pas moins
intéressée que le service du roi. Prenez sur vous d'achever la
campagne et de couronner l'œuvre ; c'est le seul et véritable
plaisir que vous me puissiez faire personnellement. » M. Lapara céda, et se rendit au camp devant Turin.

Le ministre lui ayant écrit que Sa Majesté était disposée à
donner ses ordres au sieur Filley (Louis), pour servir sous

---

(1) Après la lettre du roi, 25 septembre, qui ajournait le siége de Turin,
M. de Vendosme écrivit à Sa Majesté : « Quoique puisse dire M. de Vauban,
je ne vois pas de quelle importance il est, qu'une place soit bien ou mal
investie, lorsqu'on a mis dedans tout ce qu'on peut y mettre, et qu'on n'y
peut jeter aucun secours. » Il citait à l'appui de cette doctrine les sièges de
Verrue et de Chivas entrepris contre les règles, et qui avaient réussi. Ces exem-
ples nous semblent au contraire condamner les principes de M. de Vendosme.
Ce sujet nous a paru assez important pour exiger les détails que nous avons
donnés. Voir, pour la lettre citée du prince, la relation du siège de Turin,
par M. Mengin, pag. 181.

lui et le remplacer, s'il lui mésarrivait, M. Lapara lui répondit que cette précaution n'était pas nécessaire, qu'il avait ici trois ingénieurs sur lesquels il se reposerait beaucoup plus que sur M. Filley; que M. de La Feuillade était de ce sentiment (1).

Le 25 septembre, le roi fit écrire qu'il abandonnait l'entreprise du siége de Turin. M. Lapara en ressentit un profond chagrin, parce qu'il ne doutait pas que de nouveaux délais donneraient le temps à l'ennemi de munir la place et d'en perfectionner les fortifications. Il n'était pas pour l'attaque de la citadelle, mais cette attaque étant imposée, il pensait qu'il fallait s'étendre de la même attaque vis-à-vis la ligne de communication qui unit la ville à la citadelle, et faire cheminer d'harmonie les deux attaques, de manière que l'on ouvrirait la ville, et que l'on pourrait y donner assaut en même temps qu'à la citadelle. Les ennemis comprennent (lettre du 6 octobre), que cela est si facile, qu'à l'heure qu'il est, ils travaillent à faire un ouvrage en terre, pour couvrir ladite communication. Ils travaillent partout, disait-il.

Avant de recevoir cette lettre, Chamillart, qui avait été quelque temps sans recevoir de nouvelles de M. Lapara, lui en fit des reproches dans des termes peu mesurés (2). Il crai-

---

(1) Chargé des siéges des places du comté de Nice, en 1705, M. Filley, y trouva plus de difficulté que M. Lapara, en 1691. La ville de Nice tint 26 jours, le château 50. La ville se rendit le 10 avril. On ouvrit la tranchée devant le château, la nuit du 16 au 17 novembre. Le 9 décembre, M. Filley fut tué d'un coup de canon. Le maréchal de Berwick écrivit au roi : « cette perte est grande pour Votre Majesté. C'était un homme très sage et très entendu. » Il songea d'abord à demander M. Lapara; mais de Lozières d'Astier continua le siége. Il fit rapprocher de la place les batteries qu'il jugea en être trop éloignées. Le château se rendit le 6 janvier 1706.

(2) Chamillart écrivait à M. de Vendosme : il me semble que l'air d'Italie a mis M. Lapara de méchante humeur. Je ne saurais croire qu'il y

gnait que M. Lapara ne fût plus porté de bonne volonté pour diriger les attaques du siége de Turin. « Mandez-moi, je vous prie, lui écrivait-il, la résolution que vous aurez prise pour cela ; car Sa Majesté veut savoir à quoi s'en tenir ; et Sa Majesté qui vous connaît mieux que moi, s'aperçoit que vous n'agissez plus avec le même zèle que vous faisiez autrefois... »

Ces reproches blessèrent au vif M. Lapara. Nous ne rapporterons pas la lettre longue et un peu diffuse qu'il écrivit au ministre, pour se justifier de s'être plaint quelquefois de ce que, malgré les assurances verbales et par écrit qu'on lui avait données, il n'avait reçu ni grâce ni distinction. « Je sais bien, disait-il, que le roi est le maître de ses grâces, mais il y a un malheur qui est que l'on est homme, et que les préférences, plus on est zélé pour son maître plus on les ressent vivement. Voilà le fait, et ce que j'ai l'honneur de vous avouer naturellement. Que le roi s'était bien aperçu que je ne le servais plus avec le même zèle ; je ne me consolerais jamais si j'avais manqué à la moindre chose. Dans mes défauts je n'ai pas celui d'être ingrat. » Il terminait, en rappelant les services qu'il venait de rendre à Verrue, à la Mirandole et à Chivas. « Pardonnez-moi, disait-il, dans le sensible déplaisir que j'ai que Sa Majesté m'ait pu soupçonner de manquer de zèle, ce qui vous a fait penser de même. »

Le 4 octobre, le roi donna de nouveaux ordres pour le siége de Turin ; mais le 11, M. Lapara et tous les officiers généraux qui étaient devant la place, firent une déclaration par écrit, que le siége était impossible, par des raisons qu'il n'est pas de notre sujet de rapporter. M. Lapara vint à Paris.

La cour résolut, en 1706, deux grandes entreprises, qui se nuisirent l'une à l'autre, et toutes deux manquèrent : le siége

---

ait d'autre raison. On lui fait faire un personnage assez honorable, depuis qu'il est en ce pays là, pour qu'il ait lieu d'en être content. Aucun ingénieur, avant lui, n'avait commandé en chef à un siège. »

de Barcelone et le siége de Turin. Épuisés par les préparatifs
du siége de Turin, que devait commander le duc de la Feuillade, les arsenaux ne purent suffire à compléter en temps
utile ceux qu'exigeait le siége de Barcelone, par lequel on
devait commencer. Entièrement réconcilié avec le ministre
Chamillart, possédant et méritant toute sa confiance, M. Lapara reçut, le 1ᵉʳ mars, le gouvernement de Mont-Dauphin, et se
démit de celui de Niort. Il se rendit à Roses où il s'embarqua,
le 26 mars, à bord du vaisseau amiral de la flotte qui devait
concourir au siége de Barcelone. Par une coïncidence assez
rare, lorsque la flotte arriva à l'embouchure du Llobrégat,
le 3 avril, les deux armées de terre destinées pour le siége,
faisaient leur jonction entre le Mont-Jouy et le Llobrégat. Le
lieutenant général Legall arrivait du Roussillon avec 18 bataillons et 15 escadrons, et le maréchal de Tessé arrivait avec
l'armée du roi catholique. On s'empara, le 4, du couvent des
Capucins, situé sur le revers du Mont-Jouy opposé à celui
qui regarde la mer, à 400 toises du fort, et à 500 toises de la
place. Villars-Lugein, ingénieur distingué, qui était avec le
maréchal, fit sur-le-champ ouvrir la tranchée sur ce point,
pour donner un couvert aux troupes.

M. Lapara débarqua le 5 avril au point du jour, et ayant
arrêté à l'avance un plan d'attaque, d'après la connaissance
des lieux qu'il avait acquise en 1697, il le soumit à Sa
Majesté catholique, et continua, le soir même, avec les premiers
outils que lui fournit le débarquement, l'ouverture de tranchée
commencée la nuit du 4 au 5, première du siége. Ce plan
consistait à s'emparer d'abord du Mont-Jouy, et à diriger
ensuite une attaque contre la ville. Il avait réussi en 1705 au
général anglais Peterborough. Le fort n'avait résisté que trois
jours, après avoir perdu son enceinte avancée par surprise ou
par trahison; et la ville, dans laquelle l'archiduc, compétiteur
de Philippe V, comptait de nombreux partisans, avait ouvert
ses portes après 14 jours de tranchée. Les circonstances n'é-
taient plus les mêmes. L'archiduc était dans la ville; les habi-

tants attachés à sa cause étaient résolus à une longue défense. Ils avaient ajouté au fort des ouvrages qui occupaient l'arête du côté de la mer, sur laquelle M. Lapara avait d'abord eu le projet de conduire les cheminements. Le fort était lié à la place par une ligne de retranchements qui, ayant été améliorés, formaient une communication assurée. Enfin, les brèches ouvertes en 1705, avaient été fermées.

Feuquière blâme le choix du front par lequel M. Lapara attaqua le fort. Il indique comme étant le plus faible celui que M. Lapara regardait, au contraire, comme le plus difficile depuis que les ennemis y avaient travaillé. La vérité est, qu'il fallut en venir à l'attaque de ce dernier. Feuquière ajoute, que la conduite dans l'attaque de la ville fut aussi pitoyable. Ce reproche inculperait Villars-Lugein. Nous doutons qu'il soit fondé. Il faut distinguer dans les Mémoires de Feuquière, ses maximes qui sont justes, et ses jugements sur les hommes qui sont rarement exempts de partialité, parce qu'il était du parti janséniste, qu'on appellerait aujourd'hui l'opposition.

M. Allent, toujours si exact dans les analyses de siéges, qu'il a insérées dans son histoire du corps du génie, dit : « Qu'une même attaque embrassait la place et le fort de Mont-Jouy; que M. Lapara poussait les attaques vers le flanc du fort, espérant enlever ou couper sa communication, etc. » Aucun plan ne représente une double attaque embrassant la ville et le fort, et rien dans les cheminements dirigés vers le fort, n'indique l'intention de couper sa communication avec la place.

M. le général Laffaille avance (1) que l'on crut d'abord pouvoir attaquer la ville du côté du Mont-Jouy, sans s'être auparavant emparé du fort. « Cette erreur, dont on ne fut, dit-il, convaincu qu'après qu'elle eut fait perdre huit jours,

---

(1) Mémoires sur les campagnes de Catalogne, pag. 308.

fut regardée, etc. » Cette assertion n'a pas de fondement.

Comme nous l'avons dit, M. Lapara, débarqué le 5 avril à la pointe du jour, avec un projet tout formé pour l'attaque du fort Mont–Jouy, ouvrit la tranchée, le même jour, contre ce fort, aux Capucins, où Villars–Lugein avait commencé la nuit précédente. Chamillart lui avait recommandé de faire la plus grande diligence pour l'avancement des attaques. M. Lapara lui avait promis de n'épargner ni ses soins ni ses peines et encore moins sa personne, pour mener ce siége à bonne fin. Il eut tort d'abandonner sa première idée ; il fallut y revenir. Les localités lui opposèrent des difficultés qu'il ne paraît pas qu'il eût prévues. Le terrain était presque sans terre ; il fallait s'élever par les cheminements sur des rideaux disposés en amphithéâtre, où, presque partout on était plongé par le canon et la mousqueterie du fort ; tandis que l'on trouvait peu d'emplacements pour pouvoir placer des batteries à juste portée, et voyant le fort. « On ne saurait exprimer combien il y a de difficultés, soit pour y mener le canon soit pour y faire des épaulements. Le transport des matériaux est encore un inconvénient par l'éloignement où il faut les aller chercher, et par les grandes hauteurs (1) où il les faut porter et la quantité qu'il en faut. » La lettre où M. Lapara rendait compte de ces difficultés, est du 15 avril, et fut la dernière qu'il écrivit. Il fut tué le soir.

La nuit du 8 au 9, cinquième du siége, on était cependant parvenu à se loger sur un rideau, où, à 200 toises des ouvrages les plus avancés du fort, on avait établi une parallèle et des batteries. Le 15, le roi catholique reçut la nouvelle certaine que la flotte anglo-hollandaise était arrivée à l'entrée du détroit. Il donna des ordres pour presser extrêmement les attaques. M. Lapara eut d'abord l'intention de faire attaquer tout

(1) Le seuil de la porte du Fort est élevé de cent quatre-vingts mètres au-dessus de la mer (Nivellement exécuté en 1823).

le chemin couvert, et commanda à cet effet trois brigades d'ingénieurs. Cet homme, que Feuquière qualifie d'aventureux, s'aperçut des inconvénients de son projet, dont l'exécution n'était pas impossible, dit Villars-Lugein, parce que l'ennemi laissait peu de troupes pendant le jour dans son chemin couvert ; mais il était douteux qu'on eût pu s'y maintenir. Il résolut en conséquence de se borner à enlever une flèche, appelée contre-garde, qui, étant assez en avant du bastion de la droite du front d'attaque, sur l'arête du côté de la mer, incommodait beaucoup par ses revers, les tranchées de notre droite. Cet ouvrage était enveloppé par le chemin couvert. Pour être plus sûr de son fait M. Lapara vint encore reconnaître le terrain ; s'étant trop découvert, il reçut au-dessus de la hanche gauche un coup de mousquet qui lui traversa le bas-ventre, et dont il mourut deux heures après. On s'en tint à l'attaque de la contre-garde.

Joblot était l'ingénieur le plus ancien ; mais Villars-Lugein prit la direction des attaques, en raison du rang qu'il avait dans l'armée du maréchal de Tessé. Il se guida du reste d'après les conseils de Joblot qui avait de la capacité, et lui-même, quoi qu'en ait dit Feuquière, ne se montra point au-dessous de la tâche difficile qu'il avait à remplir.

La nuit du 21 au 22, dix-huitième du siége, on donna l'assaut aux deux bastions et on y fit des logements. La nuit du 25, vingt-deuxième du siége, l'ennemi évacua le réduit du fort.

Le lendemain, on ouvrit la tranchée contre la ville. Des brèches praticables étaient ouvertes dans l'enceinte, des logements faits en deux endroits sur les saillants du chemin couvert, lorsque le 8 une flotte ennemie, plus forte que la flotte française, parut en vue de Barcelone. Un conseil fut tenu le 9. Le 11 au soir, on leva le siége avec précipitation, abandonnant tout.

M. Lapara était marié, mais il ne paraît pas qu'il ait laissé de postérité. Il était l'appui de son neveu Méalet, baron de

Vitrac, et l'avait auprès de lui comme aide de camp, pendant le siége de Barcelone en 1706. D'après les traces de sa correspondance officielle, les hommes avec lesquels M. Lapara entretenait des relations intimes, étaient M. Le Peletier et le marquis d'Antin.

Comme directeur d'attaques, M. Lapara a, sans pécher contre les règles, montré en général de la hardiesse dans ses ouvertures de tranchée. Il a souvent encouru un blâme mérité, pour avoir préféré aux attaques par industrie les attaques de vive force, qui avaient l'inconvénient de causer la perte de beaucoup de troupes et de ne pas toujours réussir. On ne saurait lui imputer l'échec de Coni, ni la longueur des siéges de Barcelone, de Verrue et de Chivas, entrepris et poursuivis sans que ces places fussent investies. Les attaques de Montmélian, de Roses, de Palamos et de la Mirandole, ne paraissent rien laisser à désirer. Celles de Valence arrachèrent des éloges à Vauban, qui était un juge sévère. Il fut malheureux pour M. Lapara, de n'avoir dirigé en chef les attaques d'aucune place, sous les yeux de Louis XIV. Il s'était trouvé à quantité d'actions, et partout il s'était distingué. Il avait commandé en chef le siége de la Mirandole et celui de Chivas, sur la fin. Aucun ingénieur avant lui n'avait eu un semblable honneur. S'il eût été un homme de naissance, son avancement eût été rapide. Toutefois, nommé lieutenant général depuis deux ans, ne cessant pas d'illustrer son nom, on croit qu'il serait bientôt parvenu au comble des honneurs militaires, si la mort ne l'eût frappé avant le temps. Il ne peut être comparé à Vauban ; mais aucune réputation contemporaine ne balançait la sienne, dans le corps du génie. L'issue du siége de Turin, l'année de sa mort, fit sentir la grandeur de la perte qu'on avait faite.

ERRATA.

—

Page 4, lignes 8 et 9, *lisez* : La même année, il servit comme ingénieur, sous M. de Vauban, à la défense d'Audenarde, assiégé par le prince d'Orange.

Page 104, Castagnole, *lisez* Castagnetto.

TABLE DES MATIÈRES.

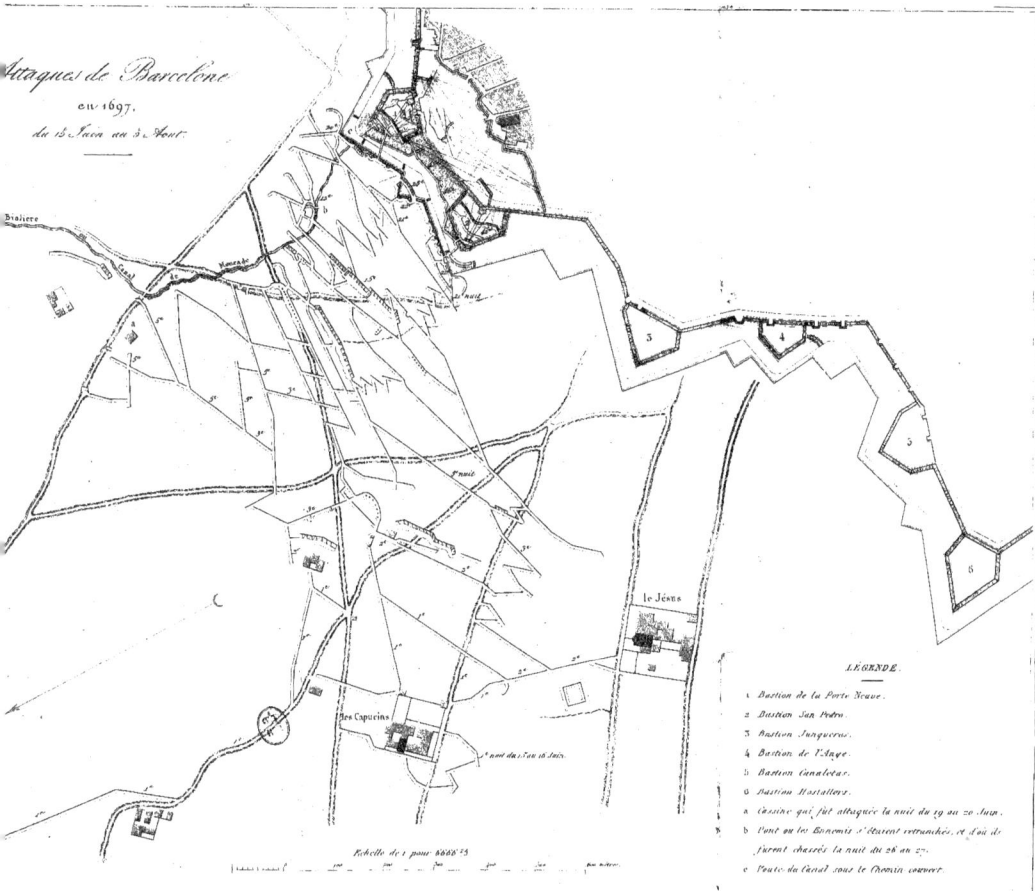

Attaques de Barcelone
en 1697,
du 15 Juin au 3 Aout.

Bialiere

Marache

1.e nuit

1.e nuit

le Jésus

Des Capucins

1.e nuit du 15 au 16 Juin

Echelle de 1 pour 8686 ⅔

www.ingramcontent.com/pod-product-compliance
Lightning Source LLC
Chambersburg PA
CBHW060605100426
42744CB00008B/1316